求真与笃行
——嘉高的博士校友们

主　编　张益民

副主编　鲁建飞　潘新华　邢　川　沈　瑶

浙江工商大学出版社
ZHEJIANG GONGSHANG UNIVERSITY PRESS
·杭州·

图书在版编目（CIP）数据

求真与笃行：嘉高的博士校友们 / 张益民主编 . —
杭州：浙江工商大学出版社，2021.5
ISBN 978-7-5178-4503-4

Ⅰ. ①求… Ⅱ. ①张… Ⅲ. ①中学—校友—生平事迹
—嘉兴 Ⅳ. ① K820.855.3

中国版本图书馆 CIP 数据核字（2021）第 089724 号

求真与笃行——嘉高的博士校友们
QIUZHEN YU DUXING——JIAGAO DE BOSHI XIAOYOUMEN

主　编　张益民　　副主编　鲁建飞　潘新华　邢　川　沈　瑶
责任编辑　王黎明
封面设计　林朦朦
责任校对　张春琴
责任印制　包建辉
出版发行　浙江工商大学出版社
　　　　　（杭州市教工路 198 号　邮政编码 310012）
　　　　　（E-mail：zjgsupress@163.com）
　　　　　（网址：http://www.zjgsupress.com）
　　　　　电话：0571-88904980，88831806（传真）
排　　版　杭州市拱墅区冰橘平面设计工作室
印　　刷　杭州高腾印务有限公司
开　　本　710 mm × 1000 mm 1/16
插　　页　20 面
印　　张　11.75
字　　数　128 千
版 印 次　2021 年 5 月第 1 版　2021 年 5 月第 1 次印刷
书　　号　ISBN 978-7-5178-4503-4
定　　价　49.00 元

⊙ 实验大楼

◎ 图书馆

◎ 图书行政楼

◎ 体育馆

◉ 学校食堂

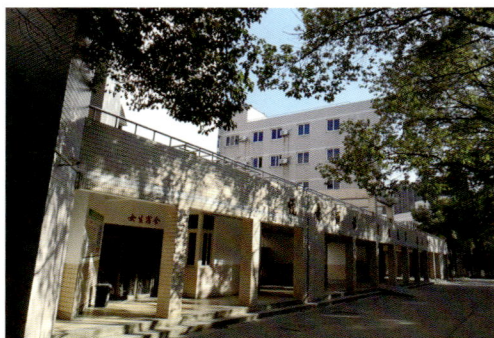

◎ 学生公寓

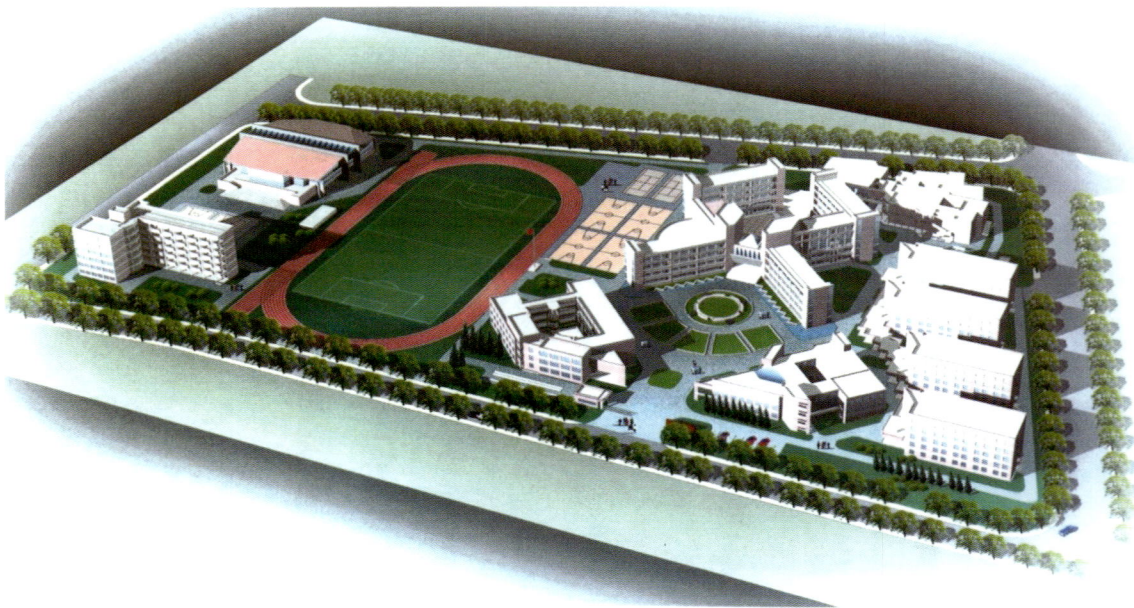

袁管荣摄影整理

序

近期，陆续收到并拜读了嘉兴高级中学（简称"嘉高"）博士校友的文章，心情特别激动和兴奋，仿佛又看见了当年嘉高校园里的你们，也深深感受到你们对母校的盈盈深情，更从字里行间感觉到你们不畏困难攀登学问高峰追求事业辉煌的坚韧和执着，为科学为社会为民族敢于担当勇于创新的坚定步伐！嘉高从 1997 年创办至今二十余年，但在联系到的校友中，博士奔百，硕士千计，学士万余，留学生三百，涌现了许许多多优秀的校友，真可谓群星璀璨，我们的博士校友就是其中的杰出代表，带着嘉高的印记走向社会贡献社会！《求真与笃行——嘉高的博士校友们》汇集了部分博士校友的文章，正是体现了嘉高校友的追求和精神！

嘉高的博士校友，在你们身上深深地镌刻着嘉高人勤奋务实的印迹。那时，在嘉高校园里，你们迎着朝霞晨读，追着老师提问，送走教室的灯光，伴着路灯思考，校园的角角落落都留下了你们求知的身影。光阴荏苒，岁月流逝，今天你们虽然历经了学士、硕士、博士阶段，但心中仍然感念嘉高，感念她传授给万千学子知识、技能，更感念她赋予你们向上、进取、勤奋、踏实的底色，使自己在鲜花中不迷失，在荆棘里不气馁；今天在大学校园、科研院所创新创业，"勤于学习，不负韶华"，"但行好事，莫问前程"，继续"走在嘉高勤奋务实的路上""真学真知求智慧"，校友们始终是那么迅疾，哪怕是写一篇给母校的文字，也会通宵达旦凌晨定稿发出，因为"我依然勤奋"！

嘉高的博士校友，在你们信念中秉承着嘉高人求真的品质。嘉高人永远追求真理，永远流淌着中华民族的血液，永远坚定着中华文化的自信，社会责任和人类文明是我们永恒的担当，嘉高一直坚持着"高德归真"的信念。岁月流淌中，你们致力立德而立人，胸有大志不忘初心，坚持实事求是，真诚真情真实会合作，脚踏实地有责任心，不作伪，不弄虚，不作假，说真话，办真事，做真人，脚踏实地用心底里的责任认真做事、求真做人。"嘉高校训伴成长，人文教育滋养生命"，"让我们拥有更多的社会责任感，坚持以习近平新时代中国特色社会主义思想为指导，把国家、人民、民族装在心中，注重养成健康、乐观、向上的品格；让我们只争朝夕，不负韶华，努力学习科学文化知识，自觉养成乐于学习、勤于学习、善于学习的良好习惯；敢于面对各种困难和挫折，自觉培养不畏艰难、顽强奋进的意志品质；修身立德、志存高远，勤学上进、立志成才"，"嘉高的校训也一直指引着我，为人真诚，活得真，表里如一，做靠谱的人"！

嘉高的博士校友，在你们的追求中高扬着嘉高人追求科学、不断创新的精神。嘉高一直在尊重科学的基础上努力培养学生的创造才能和特长个性，嘉高的教育教学过程也是努力培养学生创造力和特长才能的教育教学过程，因为学生的创造才能和特长才能是最具有价值的不竭资源。因此，嘉高在重视学生学习成绩的同时，坚持将"嘉木扬长"作为培养学生的教育理念，努力探索培养学生的创造才能和特长才能的嘉高教育之路，让嘉高的每个学生都能在校园里发展特长。因为科学是人类对自然规律的正确认识，科学推动着社会的进步、生产力的发展。在博士校友们的文章中，我们深深感到校友们探索科学的坚定追求，想人所未想，做人所未做，在通往真理的道路上做勇敢的探索者。"不断追随先进的科学，才能更好地为祖国的繁荣强大服务，积极地申报各类科学研究项目，在一如既往地投身于科学研究中，寻找新的发现与发展"；"我依旧为儿时的梦想，才来到美国继续深造，努力成为一个真正的、独当一面的科学家"。一路走来，博士校友们"真"学"实"干，仰望星空，奋发努力，"脚踏实地，追求卓越"，"为求真而不懈努力着"，在国际、国家级学术期刊和会议发表论文，获得国家级、省级科技成果，申请国家发明专利，出版书籍，硕果累累；"努力做致力科技的追梦人"，创办雷象科技（北京）、湖南宜通华盛科技、北京中科风云科技等企业，其中有的是业内气象探测新技术的领军企业……

嘉高的博士校友，你们在事业中彰显着嘉高人追求卓越的精神。"求真求知，探索不止"，"在追求卓越精神的激励中不断成长"，嘉高人努力追求做一个有理想、有追求、有思想、有视野、有品德的高尚的人，努力追求做一个有知识、有素养、有专业特长、有创新能力的卓越人！

嘉高的博士校友们，学业有成，学术有造诣，事业红火，可喜可贺，但成功永远属于过去，脚下永远是新的起点，衷心祝愿博士校友们，以理想为风，以智慧为帆，乘风破浪，扬帆远航，驶向更加灿烂辉煌的未来！

嘉高以你为骄傲！

并衷心祝愿母校——嘉兴高级中学越办越好！

嘉兴高级中学首任党总支书记、校长　徐新泉

2021 年 2 月 20 日

目 录

时光有你，一路繁花

——写给嘉高和那永远放不下的三年

■ 周益明

校友简介

周益明，1997 年 9 月保送至嘉兴高级中学，成为首届嘉高学生，2000 年 7 月高中毕业考入浙江大学，2004 年 9 月本科毕业获得双学士学位，被评为浙江大学优秀毕业生，免试直攻博士研究生；2009 年 6 月，博士毕业时再次被评为浙江大学优秀毕业生。在校期间曾担任院研究

周益明博士在做研究

生会主席、院学生会副主席、院团委办公室主任、学生党支部副书记等职务，多次获浙江大学一等、二等奖学金和院圣雄奖学金、光华奖学金和年度优秀学生干部、三好学生等称号。现任中国电子科技集团公司第三十六研究所某部部长、高级工程

师，入选研究所"领航"科技骨干人才，担任多项型号项目技术负责人、副总师，其承担研制的多项装备参加了建国70周年国庆阅兵展示；在国内外期刊发表论文多篇，申报国防发明专利8项。

冬去春来不知不觉又一年，寒来暑往无声无息复几春。2020年，离开嘉高整整20年！奋斗的年纪，顶着压力，扛着希望，一步步地埋头前进，不经意间已到了不惑，一路走来谈不上多么辛苦，只觉得再加把劲儿，继续前进就可，一直到回头看的时候才意识到，这一程坎坷相伴，这一程奋斗相伴，这一程欢乐相伴，也曾强忍逼到眼角的泪水，也曾舒展情不自禁的微笑，也曾谨小慎微地忍耐过，也曾自信满满地狂妄过，回忆万千，最难忘的却是记忆里那段真真切切最"枯燥"的三年。

我一直以为，这三年"枯燥"到只有书本相伴，每天睁开眼睛就是语文试卷、数学模拟、英语冲关，一边吃饭一边还要看着佳文赏读，错题纠正；我一直以为，这三年"枯燥"到只有自己给自己鼓劲，离开父母的住校时光，身边是一群和自己一样对未来茫然不知却拼命追寻的孩子；我一直以为，这三年"枯燥"到连记忆都会是匮乏的，有什么值得去记住的呢，是每天天蒙蒙亮的晨读还是每晚浴室昏黄灯光下排排坐的补习，是出现在摘抄本上的名著还是描画在试卷上的修正、补充……

我一直以为，我会忘记这"枯燥"无味的三年，相较无忧无虑的童年，相较色彩缤纷的少年，相较走入社会摸爬滚打的一年又一年，这三年的时光是如此地简单乏味，可许多许多的细节又那么清晰地刻在我的脑海里，挥之不去！鼠标键盘的日常，偶尔会想起那时候的笔不是在卷子上飞快地答题，就是游荡在几个手指之间；加班开会的日常，偶尔会想起宿舍浴室里那几盏昏黄的灯；饭后散步的日常，偶尔会想起那一群穿着回力鞋在球场上大汗淋漓的少年；接送儿子兴趣班的日常，偶尔会想起做完作业后偷偷玩会儿游戏放松时的舒畅。我是什么时候记住这些细节的，我以为我都忘记了，其实它们一直都在，时不时地会冒出来，提醒我那曾经的三年仍以各种各样的版本顽固地存在。

是啊，和嘉高一起的三年，其实是青春正盛的三年，是拼搏无畏的三年，是精业奋进的三年……"爱校奉献，务实责任，科学创新，追求卓越"的嘉高精神就是在这个时候深深感染了我，作为首届学生，我与嘉高相伴的三年也见证了彼此的成长。那三年，我和嘉高一起经历蜕变：从在新塍中学借读，到拥有嘉高自己的校区；从一片简陋到设备齐全、设施先进；从一个懵懂无知的少年到锐意进取的大学生！也许就在那三年里，一次次摸底，让我渐渐学会如何认清自己的不足，弥补自己的短板；也许就在那三年里，一次次排名，让我能更理智地面对成功和失败，和自己更好地相处；也许就在那三年里，一次次攻克难题，让我对自己更有信心，知道如何给自己鼓劲；也许就在那三年里，一次次熬夜苦读，让我更坚定地知道自己要为目标去奋斗，不会轻言放弃。感恩嘉高三年的陪伴，感恩这"枯燥"的时光，让我后来的每一步都迈得更大，走得更稳！身处其中，当时的压力和拼搏，当时的痛苦和不甘，现在都已经风轻云淡，因为它们已经让我破茧而生，无所畏惧，能够经受住更大的挑战。

　　人至不惑，工作中的我，是忙碌而充实的，家庭中的我，是辛苦而幸福的。2020 年伊始，习主席说"只争朝夕，不负韶华"，对每一段时光都要把握好行驶的方向，冲着目标，全力以赴！但在回看往昔的时刻，我想对嘉高说：感谢时光有你，让我学会做更好的自己，我也必将继续秉承嘉高精神，奋勇前行，不负此生！嘉高，我以你为荣！

2020 年 12 月 12 日

从嘉高开始的人生捷径

■ 王国荣

校友简介

王国荣，2000 年毕业于嘉兴高级中学；2000—2007 年就读于南京信息工程大学，获得学士和硕士学位；2016 年于中国科学院大气物理研究所博士毕业。2007—2016 年在北京市气

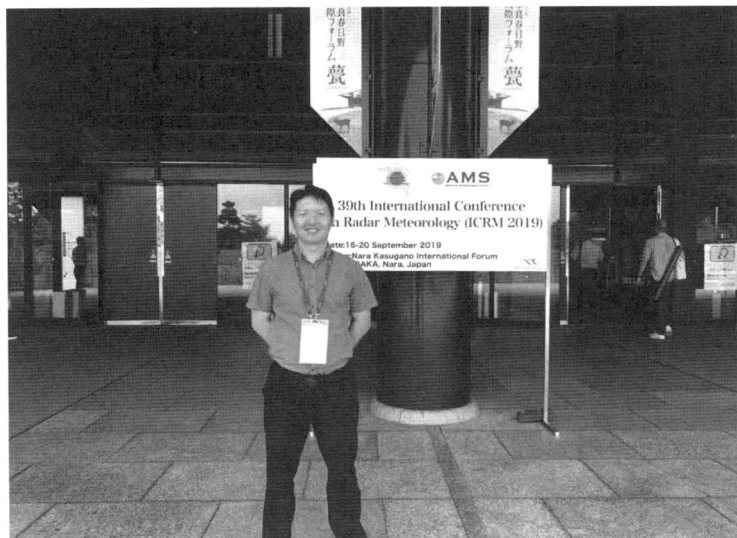

王国荣博士携研制的全球首款相控阵阵列天气雷达在日本参加第 39 届国际雷达年会

象局工作。2016 年至今，创业成立民营气象公司，目前担任
雷象科技（北京）有限公司总经理、湖南宜通华盛科技有限公
司副总经理、北京中科风云科技有限公司副总经理。其中湖南
宜通华盛科技有限公司是一家研发生产相控阵天气雷达和短时
临近预警预报平台的高新技术企业，是业内气象探测新技术的
领军企业之一。

什么是人生的捷径？每个人的人生目标不同、选择不同，他们的道
路也就不同，但是谁都希望能找到自己的人生捷径，快速地实现自己的
理想。央视原主持人张泉灵说她认为的捷径就是少走弯路。且不说这种
说法是否准确，但这是一种非常务实的说法。如果按照这种说法，那么
我的所谓人生捷径应该从嘉高算起。

嘉高的记忆

我是嘉高的第一届学生，我入学的时候，嘉高校园还在建设中，所
以我们只能先在嘉兴市新塍中学借读借住。虽然学习生活很艰苦，但那
段时间特别快乐。一年半后，嘉高自己的校园建成了，我们正式搬入新
校园。学习和生活的条件改善了，但是高三的学习压力也随之而来。我
现在回想起来，在嘉高新教室那段时间，印象最深的就是课桌上堆积成

山的学习资料、做不完的模拟训练题，还有每天晚上学习到十一二点，第二天早上摸黑来到教室，还有停电时满教室的蜡烛，夏天流着汗看书时那打不完的蚊子。

所以，我对嘉高的回忆里充满了勤奋和努力，这证明我在嘉高真的是挺拼搏的学生，当然我周围的同学也都一样，这是一种常态。但是，我并不是年级里成绩很好的学生，不管怎么努力，最多也就排在前十名。现在回头来看，你身边的队友和对手，是决定你高度的重要的因素。我们那届学生，因为是嘉高的首届学生，所以好多是从初中学校中直接选拔进来的，因此都是尖子生。这训练了我第一阶段的捷径——勤奋。

为真知求学

2000 年，我从嘉高毕业了。当时我的高考成绩比重点大学线高了25 分。我那时特别想当医生，而且是拿手术刀的外科医生。所以我报了宁波大学医学院临床医学专业，因为只有这个学院临床医学专业的高考分要求不是很高。可是最终我也没有接到录取通知书，而是被南京气象学院环境科学专业录取，这是我当时填报的第五志愿。我甚至不知道气象学院是干吗的，填报志愿的时候就是看哪个专业和自己的考分比较匹配。就这样，我只身来到了南京。学校在江北的浦口区，大巴车开到学校门口的时候有一段泥泞颠簸的泥路，把我第一天入学报到的喜悦冲刷得一干二净。

大学生活还是很有趣的。从高中进入大学，你会得到极大的满足，没有模拟测试，没有班级排名，其实有也无所谓。所以，大家都从圈养变成了放养。这个时候，嘉高文化带给我的基因就开始发挥作用了。好学生的特质，使得我在经历了大一半个学期的放纵后，很快回归到学习的正途上。而且，我发现，我只要稍微认真一点，努力一点，就能在班级中脱颖而出。现在我知道这种效应叫作"差异红利"，就是你只要比你周围人勤奋一点，多努力一分，你就能凸显出来，因为大家都偷懒了，而我在嘉高精神感召下，比他们自然多了一分勤奋和努力。

四年的本科生涯转眼就过去了。很难具体地说清楚本科学到了什么知识，长了什么本事，反正年龄是长了，这是确定的。也许，这就是大学的含义吧。但是，大学确实让我学会了自己强迫自己学习，尤其是在别人都在玩的时候，我要比别人多一分勤奋和努力的执念，督促自己逼着自己去学习。这种强迫后来慢慢地变成了习惯，现在我经常会在工作一段时间后，回头问自己，是不是应该充电学习一下新的知识了。

本科毕业后，我选择了继续读研。研究生导师的选择很有讲究：有的同学愿意找学校领导当导师，好处是显而易见的，在校的时候，便利条件更多，毕业的时候更好找工作；有的同学更愿意找那些著名的专家、学者当导师，可以学到更专业的知识。我选择了后者。今天，我很感谢当初做了这样的选择。我的研究生导师，教会了我最重要的一点：做学问要严谨，哪怕一个标点符号，都要认真推敲。所以大学阶段，我对自己的总结，最大的收获就是培养了对科学的敬畏和严谨的态度。这一阶段的捷径是"差异红利",你要跟你周围的人对比,你要做永远多勤奋一些、多努力一点的那类人。

就业与态度

2007 年,我研究生毕业了。我决定去北京找工作,因为气象行业的大本营——中国气象局在北京。我清楚地记得,我去北京市气象局面试的时候,领导在最后环节,问了当天所有去面试人员一个问题。问题是:你们刚从学校出来,并没有太多实践经验,你们觉得应该怎么做才能更好地适应新的工作,更快地取得成绩。我的回答是:态度决定一切。

后来领导跟我说,就是这句话,让她对我印象深刻,决定录用我,并且在后来的职业生涯中,这位领导也成为我的贵人。我在气象局的工作是一名天气预报员,这是和我专业完全对口的工作。工作很平稳,典型的事业单位。对自己要求少的,可以每天得过且过,因为只要没有重大错误,气象局是不会主动开除你的,也就是俗称的"铁饭碗"。而且,在这种单位,"差异红利"再次体现得特别明显,只要你比周围人多努力一分,你就能快速地脱颖而出。这成为我工作中最有效的捷径。后来,我一边工作一边去中科院读了在职博士。由于"差异红利",我的成长轨迹还是非常顺利的,短短几年时间,我就从工程师晋升到高级工程师,从普通职工提拔为正科级干部,公费出国留学、研究的好机会也都落到我的头上。按理说，我应该心满意足，继续认真工作，争取做个小领导，也算不负昭华了。另外，气象局工作的十年，我深深地体会到什么叫"干一行，爱一行"，从就读于气象学院到入职气象局，一切都顺理成章，谈不上太多的热爱，但是在气象局工作的过程中，我真的把工作当成我的事业，做好我的工作，就是我最大的人生成就。所以，我想说的是，很多时候，是你先选择了，然后才是爱上了。这应该才是常态。因此，气象局工作的经历证明了，"差异红利"在职场依然行得通，正是工作中的捷径之一。

守初心创业

我决定从气象局辞职，是一个很冲动的决定。那年，我刚获得了全国十佳气象青年工作者称号，单位又公派我去国外留学交流半年，回来后单位领导还好心地安排我转去中国气象局城市研究所工作。应该说这是更适合我也更有利于我个人发展的工作。我很感激，但也是在这个时候，我忽然迷茫了。想去新的岗位却又犹豫，我开始反思是对原来的工作和同事不舍，还是对新岗位的不确定性担忧。现在我想明白了，其实是新的工作不够吸引我，因为我发现我从 A 到 B，还是做着自己熟悉的工作，还是在赚着这点"差异红利"带给我的好处。但是，无论我怎么努力，我都无法跳出事业单位这个舒适的安全区。在这个安全区里，你很难有能力影响到你周围的人，让他们和你一起为同一个目标付出汗水。所以我选择辞职这样一种最决绝的方式，跳出舒适圈去做我最熟悉的事。但这一次，我对自己有更高的要求，我要求自己比在事业单位时做得更好。这样的决定，在很多人看来是鲁莽和冲动的，甚至是错误的，总有人问我是否后悔，但是，我真的从来没有去想过这个问题，因为无论在事业单位还是在公司企业，我都做着我最熟悉和喜欢的事，我只是换了一个办公室，换了一帮同事，换了一个角色来继续做我愿意做的事，我只是想把我想做的事情做到最好，而且做好这件事的概率要比之前大得多。因此，这是一个很有成就感的事情，我应该为有机会把喜欢的事做好而高兴，何来后悔呢？

我辞职后，一位业界知名的技术专家带着一个投资人找到我，希望能一起合作做中国的新一代天气雷达系统。这是一个充满挑战和不确定性非常大的工作。但是我和这位投资人只见了一面就决定了这个事，第二次见面就是谈待遇和找办公楼了。促使我再一次这么快做出决定的就是我的初心。因为，我感觉到这是我愿意去做且对气象行业有意义的事情。这时，我才认识到，我对气象是真爱。

现在，距离我们在北京 200 平方米的办公室举杯庆祝公司成立，也已经有 4 年了。公司也在不断地发展壮大，经过几年的努力，我们成为全国相控阵天气雷达的领军民营企业，设计的相控阵阵列天气雷达，其水平在国际上也是一流的。这期间，我们遇到了很多困难，每天都在好消息与坏消息的转换中焦虑，总有解决不完的问题。但是我们总是欣然地面对这些问题，然后想方设法去解决。也有迷茫和情绪低落的时候，但是总能很快恢复战斗力。为什么？还是因为有那份执念。用我这位投资人老板、现在也是我的好朋友的话说，就是想做点想做的事，一旦做了就想做成事。于我而言，还有一层意义，就是这是我所热爱的事，这是我的事业。因此，在创业过程中，是热爱、是初心给我勇气和动力，坚守自己的初心、专心做自己喜爱的事情就是我的捷径。

回眸与展望

现在，我的创业才刚刚起步，未来的路上必然还是布满荆棘。我也不确定，我走的究竟是人生捷径还是歪门邪道。但是这都不重要，重要的是，我努力地做着自己喜爱的工作。

回首过去，我感谢在嘉高有这样一群优秀的老师和同学，正是我周围这些优秀的人，我才能得到成长。嘉高的学风是"尊师，求真，勤奋，多思"，我觉得勤奋、多思、求真正是我在求学、就业和创业三个阶段中始终追求和实践的理念。回到张泉灵说的"人生的捷径就是少走弯路"，其实当自己身处其中，哪里知道哪条是正途哪条是弯路。能清楚感受到的，只有自己是否足够勤奋和努力，是否有比周围人多那么一分勤奋和努力，因此勤奋努力、差异红利，也许才是真正的捷径。所以，我特别鼓励我们嘉高的年轻学弟学妹们，用嘉高培育的勤奋努力，勇敢地去面对这个社会，勇敢到一线、新一线城市，去接受挑战。因为在那些地方，你周围的人都是精英，你只要再多一分勤奋努力，你还会差吗？

祝愿我们嘉高的学弟学妹们，都能找到自己热爱的那条路，并在这条路上努力地、义无反顾地、心甘情愿地付出勤奋和努力的汗水。

匆忙写于北京凌晨，嗯，我依然勤奋！

2020 年 12 月 11 日

虽千万人吾往矣

■ 张煜良

校友简介

张煜良，1997 年进入嘉兴高级中学学习，2000 年 7 月嘉兴高级中学毕业后就读于合肥工业大学；2007 年合肥工业大学测试计量技术与仪器专业硕士研究生毕业，同年进入安徽财经大学工作；工作十年后于 2017 年考入同济大学经济与管理学院博士研究生。

张煜良博士在上海浦江创新论坛

记得高中有一次语文课，老师讲到孟子的一句话：虽千万人吾往矣。他告诉我们，认定了目标就不要怕困难，不要理睬别人的阻拦，义无反顾勇往直前。当时只是觉得这句话很霸气，多年以后当我再次看到这句话时，高中的情景历历在目，那时候的我们也正是"虽千万人吾往矣"。

进入嘉高可能是我这辈子最能拿出来吹牛的一件事了，我没参加中考就提前被嘉高录取了，而且还是首届，当我身边的初中同学还在为中考苦读的时候，我已经回家放飞自我了。但首届也有首届的苦，收到入学通知后才发现嘉高那时还只是存在于纸上的一个名词，校园是一块待建设的荒地，而我们要在嘉兴市新塍中学借读，当时心里就有点打鼓。一些亲戚朋友在恭喜的同时也会表现出怀疑：现在八字还没一撇，这学校还不知道能不能办起来。家里人倒是不急：没事，大不了就在新塍中学毕业了。开学后，这些疑虑慢慢打消：一是校领导徐新泉老师向我们解释了学校建设的进程和目标——我们嘉高会成为嘉兴市的一流高中，未来也会成为全省知名的高级中学；二是我们嘉高学生和新塍中学学生的待遇是不一样的，就拿师资队伍来说，嘉高已经选调了一群爱岗敬业、教学经验丰富的老师，他们都是从全区上千名老师中挑选出来的佼佼者。就这样，一群带着要建设嘉兴市一流高中梦想的老师和还不知道学校在哪的130多个学生，开始了嘉高的征程。

现在回想，在嘉兴市新塍中学那一年半时间，条件还是很艰苦的。就拿住宿来说，三四十个人挤在一个特大号教室里，只有一个小淋浴间，冬天没热水只能冲凉，上厕所还得跑到外面体育场的厕所里去，寝室里经常有老鼠出没。有一次寝室还进来一个小偷，差点被我们抓住。虽然条件苦了点，但是我们的学习热情很高，我印象最深的是上完晚自习已经快 10 点了，还有不少同学会偷偷去教室学习，不过没几次就被徐新泉校长发现了，校长把他们劝了回来，那时候大家都会怪校长"多管闲事"，但回想起来，其实校长为了我们为了嘉高，到深夜还在工作，还在巡视，只是为了同学们有足够时间休息。教室没法学习了，在寝室学习又怕影响其他同学，这些同学干脆就去寝室边上的小淋浴间或者去外面路灯下学习。冬天冻得手脚冰凉，夏天被蚊虫包围，但这都浇不灭他们学习的热情。这种氛围会传染，谁都不想落后，很快整个寝室，甚至整个年级就有大批同学会在路灯下苦读，甚至第二年来的新生也被"带坏了"。就是这种不怕困难、勤奋苦学，为了目标勤奋努力的精神造就我们这些嘉高人，也一直陪伴着我们在以后的工作生活中攻坚克难。那时候我们只能感受自己的苦，却体会不到校领导和老师的苦。多年以后结婚成家有了孩子，才想起来当时老师们远离丈夫、妻子，把自己孩子放在一边，把我们当成自己的孩子，每天从早上自习开始到晚上自习结束，一直陪着我们，答疑解惑，从不厌倦。因此老师们微笑的面容也一直深深刻在我们的心里。

正如校领导的承诺，嘉高的建设进程非常快，一年半后我们就搬进了新校园，生活和学习条件发生了翻天覆地的变化。学校硬件条件在当时绝对算得上全省领先，以至于我到了大学以后一直不适应大学里陈旧的教学楼和寝室。嘉高教学生活设施的改善使我们能更安心地学习，但不能去寝室外路灯下看书，因为寝室到 22 点后就熄灯封闭了。这难不倒爱学习的同学，走廊、楼梯口、被窝里都是熄灯后学习的场所，以至于老师每天中午要到教室"驱赶"学生回寝室午休。到了晚上熄灯后，又要到寝室检查，查的就是那些爱学习的同学，劝他们早点休息。但老师们一走，走廊和楼梯口又有不少同学开始看书学习。除了学习，我们每周也有娱乐时间，比如每个教室都有电视机，隔一段时间就会放一次电影，每天中午会放半小时新闻。在英语语音室，老师也会放一些原版电影或是《走遍美国》这类听力材料，也就是从那时起，我喜欢上原版电影，所以到大学后英语听力一直算是强项。那时候放的电影给我留下了深刻的印象，倒不是电影有多经典，而是在那种繁重的学习压力下，难得的快乐给人留下了难忘的回忆。

三年后，我们毕业了，我们都如愿考上大学，当时的数据已经记不清了，只记得重点大学上线率很高。老师们的辛苦终于有了成果，向嘉兴人民交出了一份满意的答卷。

高中毕业后我进入合肥工业大学学习，在嘉高浓厚的学习氛围中养成的习惯一直陪伴着我，也因此三次拿到了奖学金。有一次在寝室看书，有同学找我，喊了几次我竟然没听见，完全沉浸在书里，后来我才知道，这就是"心流"。米哈里在《心流：最优体验心理学》一书中认为：当人们专注地做一件事，直至忘记周边的一切，最后内心产生极大的喜悦，真正的幸福感也基于此。

本科毕业后我继续在合肥工业大学攻读硕士研究生，毕业后到安徽财经大学任教。工作 3 年后，被调到了安徽财经大学商学院，因为从事计算机等信息类课程教学，被安排到管理系，在同事的影响下，渐渐对管理学感兴趣，也有从事管理学专业研究的意向，因此也就有了跨专业报考管理学博士的想法。但结婚刚有孩子那几年，疲于工作和生活，一直没有报考。等到工作快 10 年时，才重新开始认真准备考博。在考虑报考学校时，当时想这是最后的学位了，怎么也得再上一个层次，正好有个同事考上了同济大学经管学院，我就下定决心考同济。第一年报考失利，我没有气馁，总结经验后第二年继续报考，终于被录取了。

进入博士阶段的学习，新的征程开始。新的专业、新的研究范式和以往自己固有的思维模式存在差异，很多内容需要重新学习，幸好遇到一个好导师和一个团结友爱的师门团队，在老师的指导和师门的帮助下，慢慢进入了状态。入学几个月后，导师交给我一个任务——申请国家自然科学基金面上项目。因为我是导师的第一个博士，这个重任自然落到我身上。当时虽然感觉这是不可能完成的任务，但是想着这也是锻炼自己的好机会，身上还是充满了干劲。申请基金首先需要找一个好的选题，这需要对所从事的领域有一定深度的了解，对我这个新手来说困难重重，在不断地查资料、读文献，一次次组会讨论后，慢慢地选题清晰了。这时候就要精读文献，对选题相关研究要有很深的理解，才能写出好的申请书。这离不开团队的协作，组会是我们思维碰撞的重要场所，但我们博士住在嘉定校区，学院在四平路校区，每星期的组会要从嘉定转三次地铁到四平，开完组会再转三次地铁回来，来回一次仅在路上就需要四个多小时，每次组会后回到寝室都是晚上十点以后了。但经过嘉高文化熏陶的我并没觉得这些有多辛苦，反而乐在其中。虽然最后，第一次申请国家自然科学基金还是失败了，我们挺沮丧，导师却微笑着说：这没什么，至少我们获取了经验，下次再努力，相信会成功的。

在有了第一次国家自然科学基金申请经验后，师门团队继续申请上海市科委的软科学项目，这次申请成功，给了我们莫大的信心。接下来在开展软科学项目研究的同时，团队也早早开始了新一轮国家自然科学基金的申请工作。这一次我们做了更充分的准备，其间也请了多位专家对项目进行论证，对申请书进行修改。有几次组会一直讨论到晚上十点半以后，我因此错过了地铁，晚上就睡在办公室。在写申请书的那段时间，睡眠时间很少，但一点都不觉得累，而且很兴奋很快乐，真正体会到了米哈里·契克森米哈所说的"心流"。这次申请终于成功了，当得知申请成功的结果后，我第一个感觉就是想哭，成功有时候虽然需要一点运气，但更需要坚定的信念和努力付出。

博士的求学过程中还有很多坎坷，比如管理学研究方法的学习，就是一个漫长的历程。在刚开始的一段时间，我对管理学的研究方法摸不到边际，对我来说这是一个全新的范式，必须从认知上改变和适应这种范式，一开始经常被文献中的中介调节、被中介的调节、被调节的中介弄得云里雾里，而这只是研究方法中最基本的概念。研究方法不过关，后续的研究都没法展开，为了在这方面有所突破，我在导师和同门的建议下，找来了领域内的两本管理研究方法权威书籍，下功夫硬啃了几遍，慢慢窥得一点门径，然后不断找同门请教，同时也多次参加了校内外的研究方法培训。一段时间下来，对研究方法有了一定认识，也适应了这种研究范式。英文文献的阅读也是一大难题，领域内的顶级期刊都是英文的，要了解研究前沿必须看英文文献，而管理学英文文献动辄二三十页，一开始，我需要几天才能看完一篇英文文献，看过以后又想不起来到底讲了什么，很受打击。但还是坚持继续读文献，后来一天也能读上一两篇了。英文文献读多了以后会发现，文献都是有一定"格式"的，也知道了如何去读，并不是每一篇论文都要从头到尾精读，有些只要看个摘要就够了。因此在写自然科学基金申请书的时候，两个星期读了几百篇文献，并做了笔记和摘录。

回想起来，博士阶段的学习，离不开高中打下的基础。高中阶段是一个人摆脱幼稚走向成熟的转折点，在嘉高的三年给了我一生的宝贵财富，给了我不屈服于困难的倔强和面对艰难勇往直前的勇气。

虽千万人吾往矣！

2020 年 12 月 1 日

努力做一个致力于科技创新的追梦人

■ 王慧

校友简介

王慧，2001 年嘉兴高级中学毕业，2001—2010 年在南京航空航天大学学习，获得工学博士学位，现任浙江国检检测技术股份有限公司总工程师、企业科协主席。

王慧博士在做研究

在嘉高求学的三年，感受最深的是嘉高"文明，勤奋，求实，创新"的校风、良师们的悉心指导与关怀以及同学们求真勤奋的学风，这段时间是我人生观、价值观逐渐形成的重要时期，在嘉高养成的学习态度和学习方法一直影响着我的学习和工作。

2011年，我从南京航空航天大学博士毕业后，入职浙江国检检测技术股份有限公司，现任公司总工程师、企业科协主席，负责科研、技术人才培养、能力建设等工作。近年来，我带领企业科研团队主持或参与了科技部国家重点研发技术项目子课题1项，国家质检总局科研项目3项，省质监系统科研项目3项，科技厅分析测试项目1项，企业内部科研项目10多项，发表学术论文20多篇。其中我主持完成了质检总局项目"紧固件典型失效特征反向研究"，其成果整理后出版了《紧固件制备与典型失效案例》一书，深受广大紧固件质量管理人员欢迎。我们团队一直致力于将科研成果转化为公司的市场竞争优势。例如，"航空航天紧固件应力腐蚀检测设备研制""航空航天紧固件及军用装备振动试验检测能力建设"和"紧固件氢脆检测评估方法研究"等科研项目的实施则进一步提高了公司在高端紧固件领域的检测能力，同时也为紧固件产业产品提档升级、行业创新转型提供了技术支撑。公司在航空紧固件检测领域检测能力大幅提升，成为C919飞机紧固件质量检测的主要供应商，助力公司以高水平检测、诊断、改善服务赢得市场，也为自身赢得了快速发展的机遇，2017年7月13日，《中国质量报》就公司的创新服务模式，做了《质检中心升级为"质量诊疗中心"》头条报道。

在技术人才培养方面，通过从公司引进、内部挖掘人才并加以针对性地引导和培养，目前已形成了一支百余人的技术队伍，可为企业开展检测、咨询和分析服务。例如，公司失效分析团队针对行业中出现的各类质量事故、贸易纠纷等热点问题，完成诸如"某地铁受电弓失效翻弓""某型飞机防冰导管法兰螺栓断裂"等失效分析案例500多项，接受技术咨询100余次，解决技术难题30多例。服务对象涵盖了汽车、风电、航空航天、铁路桥梁等领域，在业内树立起了良好的口碑，并形成了一定的影响力。例如，我和团队为嘉兴市海盐县一紧固件出口企业与澳大利亚采购商之间贸易纠纷而出具的失效分析报告就为该企业在谈判中赢得了话语权，从而为该企业成功规避贸易索赔近1000万元。随着类似服务的积累，"失效分析"已成为检测中心的"特色增值服务"，受到企业的普遍好评。

王慧博士在做学术报告

作为科普讲师团成员之一，我积极参与科普工作。通过加入全国热处理标准技术委员会、中国机械工程学会失效分析学会等学术组织，参与标准制定及学术交流活动。作为失效分析专家，参与中国紧固件协会、中国汽车工程师学会等组织的交流活动，就紧固件的检测与失效分析做培训或主题报告十余次，受众超过 2000 人次。

作为公司的技术负责人，我的工作职责是研判检测行业的发展趋势，致力于高端检测能力发展。核工程材料检测是公司近年来探索新领域业务取得突破的一个范例。通过引进和消化国内外先进技术，与高校开展产学研合作，公司成功建立了可以模拟核电站内部 300 摄氏度、150 个大气压水环境状态下的"高温高压水环境下的腐蚀疲劳裂纹扩展速率试验"的测试能力，助力公司更深入地服务核电关联企业。公司目前还在着手建设"军用装备环境适应性试验"项目，通俗地说，就是把十几米长的军用车辆开进实验"房间"，在零下 70 摄氏度到 100 摄氏度的环境下开展一系列整体性能测试。除了服务于核电、军用装备等庞然大物，公司研发团队正在开发一款通过无线连接即可在手机上接收数据的"智能螺栓"，这是公司针对相关产业痛点研究取得的最新成果。

求真务实是我在嘉高学习期间养成的学习态度，也是一直坚持的工作态度，作为基层科技工作者既要脚踏实地，不好高骛远，同时也要不忘初心，开拓创新。我国的制造业与国外的差距不仅体现在高端技术领域，在底层技术普及上也存在差距，作为工业之米的紧固件是制造业大量使用的基础零部件，由于我们对诸如紧固件这样的基础零部件及其应用技术的不重视，我们的装备在可靠性方面与发达国家还存在差距。作为一名科技工作者，要坚持立足于基层岗位，了解企业现实需求，积累工程应用经验和理论技术基础，运用多学科及交叉学科技术，通过技术集成创新，帮助企业提高产品质量和竞争力，帮助行业提升整体水平，助力中国制造走向世界，响应习总书记号召"在自己岗位上做一颗永不生锈的螺丝钉"，做一个致力于科技创新的追梦人！

2020 年 12 月 16 日

人文教育滋养生命

■ 陆建松

校友简介

陆建松，2001 年毕业于嘉兴高级中学，2011 年获得复旦大学哲学学院外国哲学博士学位，2013 年至今任教于上海电机学院马克思主义学院。发表论文《"心"在朱子中和说中地位之提升》《从春秋大义看君臣关系》《自然状态的双重含义》《上帝、理性与欲望——约翰·洛克的自然法理论》《法律是最低限度的爱》等；完成古籍整理《春秋公羊经传通义》，该书由上海古籍出版社出版。

陆建松博士与他整理的由上海古籍出版社出版的《春秋公羊经传通义》

时光荏苒，岁月蹉跎，我离开母校嘉兴高级中学已经 19 年了，以今天我的人生旅程计算，恰好是一半的长度。假如有一位旁观者，一定会觉得一切平平淡淡，不值一谈，但我从学习和工作的体会中，深切地感到"人文教育滋养生命"！

我从小就比较喜欢读书，回想起来，童年时代也有一些自然科学书，包括天文学乃至数学的书，曾经给我留下深刻的印象，但是接触最多的还是人文类的书籍。我的父亲是小学语文教师，平时工作和生活都很忙，几乎从来不管我的学业，但是家里有几本注音的德育故事书，慢慢引起了我的兴趣。他看我比较喜欢读书，就买了四大名著，还有当时四川少年儿童出版社的"小图书馆丛书"若干种，所以三四年级的时候，我看过了《西游记》原著一百回中的前八十回，《水浒传》金圣叹的七十一回删节本，高尔基《母亲》的节编本，《鲁滨逊漂流记》的缩写本，等等。父亲进修的语文课本，收录了现当代著名作家的散文和小说，也在我眼中变得珍贵起来。

小学高年级转到嘉兴市新塍镇上学，一直到初中毕业，那时我都是镇上新华书店和私人书店的常客，每个星期都要逛几遍，以至于营业员和店老板都认识我。有了自己购书的便利，我买书和看书的热情就从此一发而不可收，从"中学生文库精选"到"世界文学名著普及本"，还有各种各样的单行本和少量全集本，让我接触到中国现代著名作家鲁迅、老舍、茅盾、巴金、曹禺等，也接触到西方的普希金、莱蒙托夫、托尔斯泰、陀思妥耶夫斯基、屠格涅夫、莎士比亚、雨果、哈代、卢梭等。当然这期间也少不了租看金庸的武侠小说。有些书买了也不一定看，看了也不一定看完，但是或多或少看了一些，也看完了一些。每个周末，特别是每个长假，都是我一个人躲在房间里看书的美好时光。等到初中结束时，我虽然没怎么偏科，但是对文科的热情已经无法抑制。

在嘉兴高级中学读书的时候，学习是空前紧张的，但嘉兴高级中学的人文氛围是很浓的。在优秀的文科教师们的进一步帮助下，我对人文的兴趣愈加浓厚。最初的语文课是王永平老师教的，虽然时间较短，但是印象深刻，他又高又瘦，很是潇洒。但是这种风度与其说是外在相貌引起的，不如说是内在修养引起的。他酷爱读书，在书法和篆刻上又都有很深的造诣。记得有一次，他引用当时有名的广告词"朵而胶囊，以内养外，补血养颜，细腻、红润、有光泽"来教育我们，现在想起来，用来形容他自己倒是很贴切，正所谓"腹有诗书气自华"。

英语课自始至终都是李筱红老师教的，她是一位非常诚恳的老师，总是想着学生的学习情况，经常把我们叫到走廊上个别指导。我的英语一直不是特别突出，大概是因为不耐烦读那些只用简单英语表达的东西，这就造成了恶性循环。她经常鼓励我们多读课外英语读物，曾经举过一个给我留下深刻印象的例子，说她有一位喜欢读英文小说的同学，在各类英语考试中总是轻松胜出。这种将功利融入乐趣的境界，我至今还在不懈追求。

历史课是居鸣凤老师教的，他对历史专业的热情在平常教学工作中充分显露出来，不仅非常透彻地讲授教科书上的内容，而且常常补充其他参考资料上的相关内容，尽力帮助我们理解历史事件的来龙去脉，避免死记硬背。地理课是钱水荣老师教的，他清晰而全面地整理知识点，让我们能够轻松地掌握所学的知识，取得好成绩。政治课是沈玉英老师教的，她是我们班主任，我又是班干部，平时学习上工作上的各种关照就不用提了，要说也说不完，反会因遗漏而遗憾。我只提一件事作为例子，高考临近的时候，老师们不断地重复旧知识点的做法，可能适合大多数同学，但是并不适合我，她就安排我去一个会议室自习，后来其他几个优秀的同学也陆续被允许如此自主学习。这对我的帮助是很大的。

当然，理科老师们也都非常优秀、非常负责，这为我学好所有功课提供了客观条件。比如，吴明华老师在数学课上不仅讲得层次分明、思路清晰，而且展示了数学特有的美感，因此他总是骄傲地宣称数学不仅是天底下最重要的学科，也是最美的学科。我作为一个狂热的文科生，也不禁产生无限的赞美之情，并有限地同意他的观点。后来，我文科学得越深，就越理解数学老师和物理老师对专业的热爱之情，特别是学习哲学之后，就更体会到，没有理科的抽象之美，就不会有文科的形象之美，它们既可以相互映衬，也可以相互补充。

每次想到这些可爱的个性鲜明的老师，我就觉得遇到他们是一生的幸运。毫不夸张地说，如果让我想象在当时能有更多的幸运，遇见更好更强的教师阵容，这将超越我的想象能力。

在空前紧张的学习气氛中，我还是挤出时间保持了人文阅读的爱好。如果说优秀的老师们给我端上营养丰富的主菜，那么我自己就偷偷地加上增强食欲的调味品。如果说相对枯燥的教科书和考试是主旋律，那么吸引我的各种课外书就是相得益彰的伴奏。

那时候每三四周回家一次，跟许多处于青春期的年轻人一样，我也常常在没回家的时候想家，回到家又嫌父母烦，《傅雷家书》却能让我感受文化名人的谆谆教导，让我受教的同时感觉温暖。后来，我在电视上听傅聪说，每次收到父亲的信都很不耐烦，就理解了阅读可以产生"易子而教"的效果。

在我塞满教科书和试卷的桌肚里，总是夹杂着一本粉红色封面的《泰戈尔诗选》，我觉得这本书的内容就像封面一样，散发着亲情和爱情的芬芳，能够让我忙中偷闲放松一下紧张的神经。后来我一度找不到这本书，以为丢失了，还专门在孔夫子旧书网上重新购买了同一版本的《泰戈尔诗选》，以便纪念那个特殊年代的心灵之旅。

我也努力将课外阅读的兴趣和考试的功利目的结合起来。斯塔夫里阿诺斯的《全球通史》成为我的历史参考书，这是美国大学的历史教科书，从全球各大文明相互联系相互影响的视角叙述了世界历史的进程，给我带来很多新鲜感。我怀着有利于历史考试的功利目的，重点阅读了下册"1500年以后的世界"，感觉确实开阔了答题思路。

还有很多书刊给我带来影响。比如，每一章都短小精悍的《论语》成为我晚自习回到宿舍后短暂的消遣，虽然很多话似懂非懂，只能囫囵吞枣，或者一掠而过，谈不上深入理解。又比如，那时候学校鼓励我们订阅各种报刊，我订的是《书摘》和《书屋》，这两本杂志让我接触到当代学术的某些动态。再比如，在学校新开的图书阅览室里，我第一次读到当代作家残雪的作品，了解到卡夫卡和博尔赫斯在中国的影响。最后，也还是因为那时候读了点罗宾逊的《现代经济学导论》，使我在兴趣和功利之间反复斟酌之后，最终决定割舍文学和历史学，选择经济学作为大学专业，尽管在四年之后我又转攻西方哲学，直至完成全部在校的学习。

回顾往昔，展望未来，人文教育是我所受教育的主要部分，也是我所做工作的主要部分。在长期的学习和工作中，我逐渐形成了这样的信念：人文教育滋养生命。这不是说每个人都最好去从事跟人文教育相关的工作，而是说每个人都应该具备一定的人文素养。放眼当今世界，自工业革命以来经济竞争和科技竞争不仅没有缓解，而且越来越激烈。随之，大学教育的专业化和职业化倾向越来越严重，中小学教育的急功近利现象也时时出现。在这种情况下，人文教育在整个世界范围内处于萎缩状态，但与此同时也出现不断努力的迹象。

在美国的通识教育中，人文学科课程占有举足轻重的地位。有学者指出："就美国主要大学本科通识教育课程的基本建制而言，我们应该特别注意一个最根本而且至今不变的突出特征，这就是美国大学本科通识教育事实上是以人文社会科学为重心，即使纯理工学院的通识教育，也包含相当大比例的人文社会科学课程。"（引自甘阳《文明 国家 大学》，第 354 页）我国 20 世纪末就提倡素质教育，后来又引进通识教育。在文化强国战略的指引下，重视发展哲学社会科学和思想政治教育。我现在是一名高校的思想政治教师，在我看来，意识形态的宣传是人文教育的一部分，从底线思维的角度来看也是最重要的一部分，但是人文教育有着更为广阔的内容和更为深厚的含义，意识形态只有成为其中的有机部分，才能获得持久而鲜活的生命力。

中文"人文"的词源恰当地反映了人文教育的高远追求。《周易》："刚柔交错，天文也。文明以止，人文也。观乎天文，以察时变。观乎人文，以化成天下。"关于"天文"，王弼注："刚柔交错而成文焉，天之文化。"关于"人文"，孔颖达疏："文明，离也。以止，艮也。用此文明之道裁止于人，是人之文德之教。""天文"意味着完整的宇宙自然图景，"人文"意味着完整的社会人生图景，两者对举，相辅相成。无论天文，还是人文，最终都要人"观"，要人"察"，要人"化"，不仅要落实到全体人类，而且要落实到每个个人。这就是人文教育（人之文德之教）。现代人喜欢将科学与人文对举，实际上，在西方文化的历史进程中，科学本来也是人文的一种形态，而宗教则是人文的一种更早形态。人文的高远追求在于观察宇宙自然和社会人生的完整图景，考虑人在其中应有的位置，追求人与自然、人与人、人与自身的和谐共生。因此，人文教育总是要追问最基本的问题，诸如"宇宙是什么""人性是什么""幸福是什么"等等。这些问题永远没有答案，但是，只要人还继续存在，就必须不断追问、不断探讨、不断协商。这就是人文教育对于生命的无用之大用。

最后，再次感谢嘉兴高级中学成为我人文之旅的重要驿站，为我继续这一无怨无悔的旅程提供充足的补给！

2020 年 12 月 18 日

嘉高与我的成长

■ 沈小军

校友简介

沈小军，2001 年嘉兴高级中学毕业后进入中国地质大学（武汉）材料化学专业学习，2012 年毕业于中国科学院研究生院（中国科学院理化技术研究所），获工学博士学位。2012 年 7 月进入嘉兴学院从事教学科研工作。现为嘉兴学院教授，担任学校材纺学院聚合物基复合材料团队负责人，高分子材料系党支

沈小军博士在嘉兴学院

部书记（双带头人）；任常州大学、浙江理工大学、五邑大学等高校硕士生导师，已招收硕士研究生 8 名，毕业 2 名；浙江省高等学校中青年学科带头人，嘉兴市杰出人才（第二层次），嘉兴学院勤慎青年学者。主要研究方向：聚合物基复合材料、碳纤维复合材料、纳米材料等。主持完成国家自然科学基金项目 1 项，参与 2 项；主持完成浙江省自然科学基金项

目 1 项；主持完成浙江省教育厅科研项目 1 项；主持嘉兴市科技计划项目 2 项，企业横向课题多项。目前已发表 SCI/EI 论文 25 篇，授权发明专利 5 项。国家自然科学基金函评专家，*Composites Part B*，*RSC Advance* 等期刊审稿人。

回首自己的高中生活，转眼之间已经过去了 20 多个春秋。很荣幸，1998 年能被保送进入嘉兴市郊区最好的高中——嘉兴高级中学学习。还记得高中开学第一天，母亲陪我多次转车来到位于嘉兴市新塍镇的嘉兴高级中学临时教学点。第一次要离家住校学习，多少有些对家的不舍和对新环境的不适应。但是在老师们的积极引导下，很快明确了自己的目标：上嘉兴高级中学就是要上个好大学的。确定目标之后就是落实——落实到每天、每节课。其实，现在回想起来，嘉兴高级中学的校训"真"融入了我的生活、工作、学习之中。

对很多人来说，也许高中生活是枯燥的、压力大大的，但实际上高中生活也是最有获得感和充实感的。在繁重的学习任务下，更需要内心平静，追求真知、真学，在具体的知识点上，反复推敲理解，做到举一反三，融会贯通。经过高中三年的锤炼，进入大学学习后，我们基础扎实的优势很快在同学中体现出来，所以大学的学习可以说是相对轻松的。但是到大三下学期就要开始准备考研究生，考研的生活又像回到了高中时代"三点一线"的生活，考研贵在坚持，大多数人都会经历一个很焦虑的时期，我也曾经历过。说实话，当时耳边还真仿佛响起了《嘉高人之歌》：嘉高人永远求真，嘉高人满怀信心，为了理想面向未来，携起手来奔向前。这首歌时时激励着我，给予我坚持考研的信心。

考上研究生之后，第一年的学习还是与大学不同的，会有更大压力，中科院研究生院规定，如果累计2门学位课挂科，就得退学，没有商量的余地。所以研一的学习我还是非常认真的，这也为接下来的科研工作打下了良好的基础。研二就回到研究所的课题组跟着导师做研究生课题了，刚回到所里，感觉到很新鲜，也很期待自己的研究生生活，期待自己能做出精彩的科研成果。很幸运，所在课题组参与很多航天及国防的高科技项目，尽管每天在实验室的时间超过12小时，但是对所做的事情感到非常自豪，非常有荣誉感。同时，实验数据也需反复验证，确保万无一失。有句话叫"机会是给有准备的人"，刚上研究生的时候，从没有想过读研期间还能公费出国学习，但是很幸运，2011年的时候，在课题组的资助下，我赴德国凯泽斯劳滕工业大学复合材料研究所（欧洲最大的复合材料研究所）访问学习，并完成了一个科研合作项目。该项目的成果发表在国际知名期刊*Polymer*上。

很快到了2011年下半年，摆在面前的是两个选择：一是留在北京，二是回家乡。经过慎重考虑，我决定回到我家乡的大学——嘉兴学院。尽管与中科院比，嘉兴学院这个平台确实低了很多，但是我相信好工作更是"干出来的"。来到大学工作，首先要过讲课关，要把所学的知识深入浅出地教授给学生，这是很难的一件事情，所以上一节课，往往需要备课1—2天。但是讲课也能带来与科研不同的成就感，当学生对你的课很感兴趣、能与你有很好的课堂互动，这个时候觉得做老师真幸福。我的岗位是教学科研岗，也就是说除了教学任务以外还有科研任务。所以基金项目的申请就成为核心任务之一，为了撰写好基金申请书，大概一个月，每天晚上去办公室加班到 10 点之后，反复酝酿修改申请书。基金申请书的撰写，用精雕细琢来形容一点也不为过。天道酬勤，嘉兴市的、浙江省的、国家的相关项目都拿到了，也很好地完成了项目。作为地方应用型高校，我们还需要服务地方经济建设，结合我们的专业，我们主动服务对接相关企业。与相关企业在产品研发、人才培养等方面建立了良好的合作关系。

在生活中，嘉兴高级中学的校训也一直指引着我，为人真诚，活得"真"，表里如一，做靠谱的人是我自己的定位。

感谢嘉兴高级中学的培养，祝愿母校越来越好！

2020 年 12 月 12 日

回眸成长　感恩母校　砥砺前行

■ 赵　研

校友简介

赵研，1983 年 7 月出生于祖
国东北边陲之地——黑龙江省
国营农场总局红兴隆管理局
597 农场，满族，中共党员。
2001 年毕业于嘉兴高级中学，
2009 年硕士毕业于中南民族

赵研博士在美国阿拉巴马大学

大学外语学院，毕业后就职于嘉兴学院外国语学院。2012 年
赴美攻读博士学位，2017 年毕业于美国阿拉巴马大学教育学
院，获得博士学位，专业为第二语言教育与学习（Secondary
Language Education and Teaching），研究方向为第二语
言习得与身份认知（Secondary Language Acquisition and
Identity Recognition）。至今，发表了《论海外访学经历对
在职英语教师身份认知的影响》（The Influence of Study-
Abroad Experiences on In-Service Chinese College EFL

Teachers' Identity)、《关联理论在喜剧小品语言中的解释力》
等论文共计 10 余篇，其中学术会议论文 7 篇。

在嘉兴高级中学建校 23 周年的日子里，思绪万千，回眸成长，感
恩母校。

1998 年，我随父母迁入嘉兴，作为嘉兴高级中学第二届（98 级，
第一届是 1997 年入学）学生进入高一（4）班（文科班）学习。我们
165 名学生被分成 4 个教学班：3 个理科班，1 个文科班。回首在嘉兴
高级中学 3 年的生活、学习经历，感慨良多。

建校初期，嘉兴高级中学在嘉兴市新塍中学校园内借读上课。当
时，学校共有 34 名教职工、303 名学生（高二年级 3 个班，138 名学
生；高一年级 4 个教学班，165 名学生），均来自嘉兴市秀洲区各乡镇

1999 年 3 月 15 日，我们开始在嘉高校园学习

建设中的嘉兴高级中学

中学。1999 年 3 月 15 日，嘉兴高级中学整体搬迁至嘉兴市秀洲区洪殷路 341 号。占地 117 亩的校园内已经建成了 1 幢学生宿舍楼、1 幢教学实验综合楼（教室、行政办公室、教师办公室以及实验室都在这一幢楼中）和 1 座食堂，与校园周边的田野、民房以及蔬菜大棚相比显得非常醒目，仿佛昭示着嘉禾大地上一所名校正在从这里起航。学校没有围墙，没有操场，校园周边的洪殷路、洪波路以及常秀街还是崎岖不平的土路。校园内的宿舍楼、行政楼、科技楼、图书馆以及运动场还都在建造中，整个校园仿佛是一个建筑工地，建筑施工单位还在浇筑校园内的水泥路面，到处是坑坑洼洼，晴天尘土飞扬，雨天泥泞不堪，我们只能踩着用砖块架起的一块块木板来往于宿舍、教室和食堂。

由于宿舍楼不够用，我们学生住在宽敞明亮的宿舍楼内，而老师们却都居住在食堂旁边临时搭建的平房集体宿舍里，集体宿舍低矮而简陋，没有空调，没有浴室。在炎热的夏季，老师们常常在晚饭后，坐着小板凳，手摇着蒲扇在树荫下乘凉，条件十分艰苦。那段短暂的经历给我留下了深刻的印象，一桩桩、一件件往事历历在目。

回眸3年的高中学习生活，我忘不了同学们相互切磋、探讨解题思路以及刻苦学习、挑灯夜战的场景；忘不了教室里琅琅读书声和同学们奋笔疾书的情形；忘不了老师们在办公室里伏案备课、批改作业辛勤耕耘的身影；忘不了老师们在课堂上神采飞扬的激情、和蔼可亲的笑容、深入浅出的讲解以及孜孜不倦的教导；忘不了师生们在课下促膝倾谈、憧憬未来的情景；忘不了操场上矫健的身姿和拔河比赛时全力以赴的呐喊……这些都犹如昨天发生的事情，依然浮现在眼前，记忆犹新。

1997年嘉兴高级中学创建，那时徐新泉校长还是嘉兴市新塍中学的校长，他对借读在新塍中学的嘉兴高级中学学生非常关心，一手抓教学，一手抓筹备，他以身作则，率先垂范，没有节假日，没有寒暑假，无论白天黑夜，加班加点地工作。他经常骑自行车从嘉兴的家中赶到新塍镇的学校上班，早出晚归，披星戴月，不辞辛劳，有时还吃住在学校，为嘉兴高级中学的建设与发展奔波操劳。1999年3月15日，我们借读在嘉兴市新塍中学的师生整体搬入嘉兴高级中学新校园，全校师生在徐新泉校长带领下，团结一致，同心同德，凭着大家的共同努力，顽强的斗志，克服了建校初期的种种困难，校园的生活和学习环境逐渐地得到了改观，到2001年我们毕业时，校园内已经铺设了水泥路，学校的教学设施和生活条件都得到了极大改善。

嘉兴高级中学拥有一批德才兼备的优秀教师，在日复一日平凡而伟大的工作中，全体教职工爱岗敬业、无私奉献，对工作精益求精、无怨无悔，他们最美的愿望就是桃李芬芳，"青出于蓝而胜于蓝"。每位老师关爱学生，认真备课、讲课、批改作业，他们经常利用休息时间义务为学生答疑解惑，还深入乡镇农村，到学生家进行家访，解决学生在生活和学习方面的难题。2000年嘉兴高级中学首届毕业生以及我们2001届（第二届毕业生）参加高考，升学率、重点大学上线率均名列嘉兴市本级第二名以及嘉兴市前茅，初战告捷，受到了嘉兴市、秀洲区教育局和社会人士的一致好评；学校良好的校风、学风受到了学生、家长以及社会各界的交口称赞。

沈玉英老师是我们高三（4）班的班主任，也是我的政治老师。她像一位邻家的贴心大姐姐一样笑容可掬，善解人意，说话和风细雨，关心班里的每一位同学，悉心指导我们的学习、生活和心理。她的话语充满着诗意，蕴含着哲理，又显得那么善启心灵、那么神奇，时常在我的脑海里激起许多美妙的涟漪；语文教师朱文标博学多才、充满激情和活力，他的语文课犹如一幅水墨画，令我赏心悦目，永远铭记；数学老师吴明华讲解思路清晰，深入浅出，妙趣横生，引人入胜，他的数学课仿佛是一座富丽堂皇的宫殿，别有天地，令我流连忘返；英语老师李筱红口语标准流利，她的英语课充满个性，每个单词像一个个唯美跳跃的音符，每个句子宛如美妙而娓娓动听的音乐，酣畅淋漓，使我如醉如痴，魂牵梦萦；历史老师居枫鸣纵横上下五千年，博古通今，侃侃而谈，绘声绘色，他的历史课宛若一坛香醇的陈年老酒，让我意犹未尽，回味无穷；地理老师钱水荣思维敏捷，知识渊博，纵横四海，幽默诙谐，教法新颖，贴近生活，他的地理课让我领略到大千世界的独特之美，了解不同地域的发展和特征，并关注自然现象以及环境问题。

课堂内外，我完全被老师们的渊博知识所吸引，被他们的敬业精神所折服。随着他们的思绪、讲解、手势和表情，我时而托腮凝思，时而神采飞扬，时而频频点头，时而会意微笑。正是他们在嘉兴高级中学的校园里，让我徜徉无尽的知识海洋，尽情地吮吸着知识的甘露，用这源源不断的活水，激发我的学习潜力，充实着我的生命。

另外，每一个夜深人静的夜晚，当所有的同学都已经进入甜美的梦乡时，总有几个不知疲倦的身影在宿舍楼的走廊里徘徊。这是含辛茹苦的老师们守护着辛苦一天的学生安然入睡。至今，教诲犹在耳畔，往事

校园雪景

仍在眼前，师恩终生难忘，感念师恩，恩泽四海。

23 年来，我心中一直铭刻着嘉兴高级中学校训——"真"字，"真"逐渐成为我毕生的追求。嘉兴高级中学使我学会了脚踏实地、正视现实、认真勤勉，学会了坚忍不拔、自强不息，学会了百折不挠、勇往直前。作为嘉兴南湖红船旁的儿女，嘉兴高级中学的学子，我永葆中华民族文化自信，不忘初心，勇于担当，追求真理；始终锲而不舍，勤勉苦学，追求真知；热爱生活，拥抱自然，追求真情；脚踏实地，明辨是非，求真务实，追求真实。我努力从一点一滴做起，追求理论和实践、知和行的统一。努力争做一个有信念、有理想、有追求、对社会有用的人，努力做一个有知识、有素养、有专长、有创新能力的人，对社会有用的人。

嘉兴高级中学拥有朴实求真文明的育人环境，有以育人为己任而无微不至地关爱学生的教师，有践行"书山有路勤为径，学海无涯苦作舟"理念的学生，嘉兴市洪殷路 341 号——嘉兴高级中学让我永远眷恋。

2001 年 8 月，我从嘉兴高级中学毕业，考入了中南民族大学外语学院，在那里，在校训"笃信好学，自然宽和"的指引下，我坚定信念，务实求真，勤奋学习，崇尚自然，圆满地完成了大学本科和硕士课程，并取得了硕士学位。

2009 年 8 月，我入职嘉兴学院外国语学院，成为一名英语教师，教授阅读、写作课程以及雅思、托福的听力课程。此外，我还曾先后多次担任浙江国际科技大会和东海橡塑承办的第九次世界品质大会等活动的笔译和口译工作，使自己的能力得以锻炼和提升。

2012 年 8 月，经过了 GRE（美国研究生入学考试）、托福等考试，我辞去了嘉兴学院外国语学院的教师工作，赴美国攻读博士学位，并获得了全额奖学金。在美国攻读博士的前三年主要是修课，修满必要的学分后，需要参加一个名为博士资格考试（Qualify Exam）的考试，通过后才能有资格申报博士论文的选题，如果通不过就只能拿着硕士学位证书走人了，此次考试的淘汰率非常高。

在读博期间，除了修满学分外，我还要完成一定数量的科研工作，发表一定数量、一定质量的学术论文，这也是一个巨大的挑战。我每天都要阅读大量论文，查阅大量文献资料，了解最新、最前沿的学术进展。此外，我还要帮助导师做课题、给本科学生上课等。除了吃饭、睡

赵研博士在毕业典礼上

觉的时间外，我差不多整天都在伏案阅读、写作。撰写博士论文、通过博士论文答辩更不是一件容易的事，每一个论点都要准确引用参考文献，并采集大量数据加以分析、论证，最终竟密密麻麻地打印了近200页A4纸。历时5年的刻苦学习、奋力拼搏，终于在2017年10月，我一次性顺利地通过了博士论文答辩，并获得了博士学位（PHD）。

23年弹指一挥间，在嘉兴高级中学温馨的怀抱中，我执着过，迷惘过，欢乐过，痛苦过。我永远是嘉兴高级中学的学子，感恩母校对我的精心培育，感恩老师对我的谆谆教诲，课堂上传道授业解惑，对我提出的问题不厌其烦地耐心讲解；生活中与我亦师亦友，告诉我许多做人的道理。

老师们的谆谆教诲依然铭记在心，他们为我打开了求知的大门，引领我向自己的理想迈进。同学们的欢乐笑颜、互助相携也深深地印在我的脑海里。嘉兴高级中学是一个知识的海洋、文化的殿堂、思想的宝库和精神的圣地，母校像一首诗、一篇散文、一部小说、一首歌曲……在那熟悉的旋律里，在字里行间，总能看到似曾相识的意境。那幢楼，那棵树，那运动场，那图书馆，那宿舍，那食堂，静下心来细细回想，母校的每一寸空间都拥有只属于我们学子的美好记忆。

今年是嘉兴高级中学建校23周年，感恩母校，师恩难忘，我以曾经是您的学生而感到骄傲和自豪，愿嘉兴高级中学的明天越来越好，愿母校的老师永远健康快乐、幸福吉祥！衷心祝愿母校23周年生日快乐！祝愿母校再创佳绩，我坚信嘉兴高级中学一定会越办越好！

2020年12月8日

"真"学"实"干，快乐生活

——谈习惯与品格的养成

■ 钱　俊

校友简介

钱俊，1982年出生于浙江省嘉兴市，汉族，中共党员，博士，高级工程师，注册化工和监理工程师。2002年高中毕业于嘉兴高级中学，2011年博士毕业于天津大学化工学院材料化学工程专业，研究方向为高分子材料，其间赴美国阿克伦大学高分子系留学访问1年，发表SCI论文11篇，其余学术会议论文3篇。现任东华工程科技股份有限公司（原化工部第三设计院）研发中心副主任，从事技术开发和科研管理工作；2次获安徽省级科技成果，授权发明专利4项，在审发明专利8项。

钱俊博士

1999 年 8 月，我很光荣、很幸运地进入了嘉兴高级中学高一（6）班，全市仅 40 多个名额；2002 年，我很幸运、很光荣地考取了天津大学，全省仅不到 100 个名额，化工学院更是国内的翘楚。回忆这三年，嘉兴高级中学赋予我的太多太多，不只是带我进入大学的殿堂，更让我养成了良好的习惯与品格，这些都让我一辈子受用。

嘉兴高级中学的校训是"真"，坚持"嘉木扬长，高德归真"的教育理念，育人目标是"德正才优，卓越发展"，我从母校至少学到了三点。

一是以德为先，科学技术只有服务于社会、奉献于祖国，才能发挥其真正的作用。高中期间，逐步培养自身的道德修养，通过当班长等职务锻炼，不断提升管理能力和服务意识，把方向，管大局，逐渐塑造优良的品格。

二是求真求实，化被动为主动，化"死"读书为活读书，不断激发自己的学习欲望，学习的目的很重要，养成学习的习惯很重要，预习、复习、讨论，要真学实学。不求多但求精，做到理解记忆、举一反三、融会贯通。

三是综合发展，一味读书并不能取得实效，分数的高低也不取决于简单的时间累加，劳逸结合，有时会事半功倍。高中期间，我每年参加学校的长跑比赛，屡获第一，还是学校运动队成员。俗话说，身体是革命的本钱，拥有健康的体魄、良好的心态，才能应对高中的压力，轻松度过高中三年生活。

德才兼备，体美劳全面发展，嘉兴高级中学赋予了我适应大学生活的习惯与品格。

从嘉兴高级中学毕业后，我进入天津大学，天津大学的校训是"实事求是"，与嘉高的校训一脉相承，求"真"求"实"。大学的学习和生活是靠自律的，习惯的养成来源于高中生活。所以，我特别感谢嘉高对我的培养，让我在天津大学的九年求学生涯中轻松应对，进一步磨炼自己的品格。尤其是博士学位的获得，需要坚韧不拔的意志，以及不受外界干扰的勇气。我毕业了，以优秀毕业生的身份毕业了！

时间如梭，转眼工作也快 10 年了。高中和大学阶段养成的良好习惯与品格，同样也融入了工作生活中，让我在工作中不断进步，学以致用。东华工程科技股份有限公司倡导"勤奋工作、快乐生活"的理念，这与嘉兴高级中学和天津大学的教育理念一脉相承，"真"学"实"干，引导我轻松自如地应对工作中的压力，实现自我价值。

最后分享几句名人名言。李大钊："要学就学个踏实，要玩就玩个痛快。"列宁："会休息的人才会工作。"这并不是鼓励玩，而是倡导劳逸结合。无论是学习还是工作，培养自己的兴趣，养成良好的习惯，锤炼自己的品格，必事半功倍，也都将终身受益。

祝愿我的母校——嘉兴高级中学越办越好！祝愿我的学弟学妹们学业有成、梦想成真！

2020 年 10 月 20 日

在"追求卓越"精神的激励中成长

■ 徐 明

校友简介

徐明，2002 年嘉兴高级中学毕业，2006 年获中南大学学士学位，2012 年获清华大学工学博士学位，2016 年完成博士后研究工作。2012 年 7 月进入国防科大从事教学科研工作，现为副教授。主要研究方向为人机融合智能、嵌入式系统等，主持完成国家自然科学基金项目 1 项，国家 863 项目（军口）1 项；作为副组长参与国家 863 项目（军口）4 项；作为骨干参与国家重点研发计划 1 项，国家自然科学基金项目 3 项。发表 SCI/EI 论文 20 篇，授权发明专利 8 项。2020 年获"湖南省创新团队奖"。主持建设的"嵌入式系统设计"课程获湖南省优秀课程；参与的"仿真环境建设"获军队教育成果一等奖 1 项。指导学生参加 UGVC、Robcup 机器人国际比赛获冠军 3 项，亚军 6 项，以及全国各类比赛冠军 6 项。

自 2002 年离开嘉高，虽然已过去近 20 年，但在嘉高学习、生活的点点滴滴至今仍然历历在目。我从南汇中学以郊区（现秀洲区）第 8 名的中考成绩有幸考入嘉高。记得报名那天，有位女老师看了我成绩后对我说："你将来可以考清华北大。"后来她也是我的化学老师，不过她只说对了一半。我能认清自己：中考我是超常发挥，后续的求学之路不会一帆风顺。果然，第一次月考在班里排第 19 名，虽然我有心理准备，但跟我中考分数班里第 1 的排名，相差还是有点大。短暂的难过后我选择的是振作起来继续前行，是在嘉高无数个晚上的挑灯"偷读"（寝室熄灯后跟检查老师玩"捉迷藏"），无数个清晨 5 点路过橘黄色的路灯匆匆走向教室，无数次跟同桌比赛谁先吃完饭开始看书。当然，嘉高给予我的不单单是一个良好的学习、生活的环境，更有思想上的升华，嘉高"追求卓越"的精神早已在我心里牢牢地扎下根来，每当我想放松下来

徐明博士在讲学

或坚持不下去的时候，总有个声音在我脑海里响起："如果你再努力一点，你会变得更加出色。"虽然，这种精神在我身处母校时没有太多感受（因为你身在此山中），但在我离开嘉高后，就有深切体会，并且这种精神一直陪伴着我，激励着我，直到现在。

我的高考不像中考那样走运，算是正常发挥，进入了地处湖南长沙的中南大学。当接学生的大巴车载着我们驶过还在翻新、满地尘土的乡间小道，驶进一个刻着"中南大学南校区"字样的半大不小的校门，停在刷有绿色油漆木门窗的教学楼（而今早已不再是当年的模样，现在反而更怀念以前的那种意境）前时，我暗暗告诉自己，我的终点不是这里，四年后我一定要离开这里，离开长沙（这次我也只对了一半）。在大学本科学习阶段，我还是保持着在嘉高一样的学习状态，除了大的节假日会跟着室友玩上一天，其他时间都是早上 6:15 起床，7:10 之前到教室，如果有课，就抢第一排位置听课，没课就自己找教室自习，晚上自习到 21:40（管理阿姨要打扫卫生，会赶人）回寝室。大学生活有别于初中和高中，没有老师监督，没有固定的教室，甚至班级的概念也比之前弱化了很多，你会获得无与伦比的自由，但这种环境也会使你盲目、倦怠和自我松懈。这时，自我管理、自我约束就显得尤为重要，而嘉高"追求卓越"的精神在我整个大学以及后面的学习中起到了关键作用。正是这种精神，使我在充满诱惑的大学环境中得以约束好、管理好自己，课内学好每一门课，课外积极参加各类比赛。在大学四年中，我参加了当时全国大学生四大竞赛中的三项，并都取得了不错的成绩，每一项成绩都能使我具有本校的保研资格，大学四年我以加权平均 91.25

分（不计竞赛成绩）的成绩专业排名第 1（1/427），也是我们学院当年唯一一个加权平均分上 90 分的人（全院 2000 多人）。

2006 年我以优异的成绩被顺利保送清华大学自动化系攻读博士学位（硕博连读）。读博并不轻松。第一年主要是根据自己未来的研究方案修学分。数学是一切科学的基础，清华对学生数学能力要求比较高，每个学生必选一门数学。当时我选的是"随机过程"，老师布置的一道期中作业是"n 维布朗运动的规律"，完成时间是 3 天 3 晚。实际上 2 维布朗运动已经足够复杂，3 维布朗运动在国际上没有统一认识，几个国际数学大师为此争得不可开交，而 n 维布朗运动规律更是无人涉猎。但即使在这种情况下，我还是通宵查资料、推导公式、写报告，尽自己最大努力去做好，我想这种态度和行为源自嘉高植根于我内心深处的"追求卓越"精神。读博期间做研究有点像多年前比较流行的一张钻井找石油的漫画。漫画中钻井人每次都因为缺乏毅力，钻到临近油田时就半途而废，孔虽然打了不少，但一个都没有出油。因此，只要持续不断地提升自己，跟踪科技前沿，专注于一个预先设定的方向冲锋，取得研究成果那是比较自然的事。

2012 年 1 月，我博士毕业，作为引进人才加入国防科技大学任教至今，其间完成了博士后研究工作。有别于学生时代单一化的以学习成绩作为主要评价标准，走上工作岗位后，评价体系更多元。工作过程中，有不少酸甜苦辣，有为上新课通宵备课，有为项目申请连续熬夜到深夜。但无论环境怎样变化，嘉高"追求卓越"的精神始终在不停地激励我奋勇前进。

感谢母校——嘉高在我生命最特殊时期给予我优良的成长环境，使我可以沉浸在良好的生活、学习氛围中也不断追求自己的人生目标，更为我正确的人生观、价值观的形成创造了良好的条件。

愿母校——嘉高蒸蒸日上，更加绚丽辉煌。

2021 年 1 月 16 日

夯实人生的基础

■ 盛　东

校友简介

盛东，嘉兴市南湖区大桥镇人。1999 年考入嘉高，2002 年考入浙江大学工程力学专业，2006 年本科毕业并被保送本校攻读流体力学专业博士学位，导师为郑耀教授，研究方向为超声速气流（燃烧）的数值模拟，2015 年 6 月获博士学位。2013 年 10 月通过南通市海门区"名校揽才"工程进入海门区发改委工作，现任行业发改与资源节约科科长，主要负责节能减排、消费品和食盐行业、原材料和新材料行业管理，为南通市海门区首届社科英才。

盛东博士在南通市浙江大学校友会成立大会上

作为在南通市海门区工作的嘉高学子，当下颇能感受到基础设施建设对一个地方发展的带动作用，以及引发一个地方对美好未来的憧憬和追求。自 2008 年苏通大桥建成通车以来，南通地区发展的热度日益增高，长期保持较快发展速度，2020 年地区生产总值突破 1 万亿元。作为长三角区域一体化发展战略的直接受益者，南通又面临南通新机场（上海国际航空枢纽重要组成部分）、北沿江高铁（跨江接入上海）、通州湾港区（江苏新出海口）等一批重大基础设施建设叠加的机遇期，发展前景令人十分期待。

基础设施建设惠及人民生活的方方面面。常嘉高速通车以后，我从海门开车回大桥镇的家，时间节省了 30 分钟。沪苏通长江公铁大桥 2020 年 7 月建成通车，已经可以从南通乘高铁、动车到嘉兴，时间大多不到 2 个小时。这甚至少于我 1999 年上高中乘车所需的时间，那时总是在路边等一辆招手即停的中巴车，乘到嘉兴东栅的雀幕桥，换乘 2 路公交，一路向西穿过整个城区，在终点站友谊路嘉兴科技馆下车，再踏过一片工业区，翻过当时的 320 国道（现在的中环西路），沿洪殷路走 10 多分钟，到达嘉高。虽然我去学校的时间不短，但相比其他同学，这条上学路线算是便捷的；因为当时嘉高的招生，主要面向郊区（城市建成区以外的农村地区，现已调整），大桥镇已是相对靠近城区的乡镇，来自新篁、洛东、田乐等乡镇的同学，上学路程还要远得多。然而，没有人会在意这些，1999 年能在嘉高上学，已经是最光荣、幸福的事了。

这是一所"高级"中学，就像嘉兴一中一样"高级"。头几年，没人叫"嘉高"，甚至我们自己都叫"高级中学"，农村人更是直接叫"高级高中"。有一次打的回学校，司机很是不解地问："为啥叫'高级中学'，比别人家要高级吗？"那几年，嘉高虽刚创办，但确实在很短的时间里声名鹊起，学校风气、教育质量赢得了社会的肯定。1997年我上初中时，几乎没有人知道这所学校。当时的情况是，要么考嘉兴一中，要么上其他乡镇高中，要么上中专。提供给嘉兴市郊区孩子的优质高中教育资源很少。嘉兴一中是面向城区招生的，分给嘉兴市郊区的名额十分稀少，以我就读的大桥中学当时的水平，每年至多2人能考上嘉兴一中。嘉兴市郊区孩子上嘉兴一中太难，继而想考上好大学更难。所幸，嘉兴高级中学就在这个时间点建立了。1998年，我的表哥王慧中考结束，被嘉高录取，我们第一次知道了这所学校。这是一所重点高中，据说把乡镇高中的好老师都抽过去了，虽然不清楚到底怎样，但我们（也许是所有人）都认为这是一所"高级"的高中，只是略输嘉兴一中，比其他高中都强多了，考上嘉高就是一种荣誉，能去的基本都去了。1999年我中考结束，还未填志愿就收到了嘉高的录取通知书，我们全家欣喜地接受了这个结果，因为在我们心里，她就是"高级"高中。

嘉高这项嘉兴市郊区的重大教育基础工程，建设得太及时了！从此以后，嘉兴市郊区有了自己的重点高中，郊区孩子有了更多更好的就学机会，包括我和我家亲朋在内的一批又一批孩子、一个又一个家庭因此受益。仅我身边的人，就有表哥王慧（1998级）、弟弟张剑（2000级）、表弟卢佳杰（2001级）、妻子外甥褚奇岑（2002级）先后进入嘉高，并都以优异成绩进入著名大学学习。没过几年，嘉兴城区、郊区普通高中招生实施统考统招，郊区孩子上嘉兴一中，城区孩子上嘉高，大家都有了平等的招考机会，嘉高优秀的教学质量为嘉兴学子们提供了优质的教育资源。

嘉高确实是高起点、高标准、高品位、高质量的学校。占地面积150亩，雕塑雄伟，花坛宽阔，楼房气派，教学设施齐全、先进，磨石子地板光滑又干净，每人都有独立的课桌，学生住进了带卫生间的宿舍，在当时都是一流标准，甚至好过我家的居住条件。生源相对较好，除个别最拔尖的郊区考生去了一中，其余进入嘉高的也属于初中生中的佼佼者。大家良性竞争，携手努力，合作共进；最为关键的是嘉高汇集了一批认真负责的优秀老师。入学后我发现，嘉高不仅仅从乡镇高中选调优秀老师，更从全国各地选调，当时我感觉有些老师在教学上很厉害，比如语文老师王学义是从内蒙古来的，物理老师姚庆富是从江苏来的，生物老师陈光瑞是从湖南来的，英语老师李筱红是从陕西来的……在嘉高的学习和生活是快乐又舒适的。

嘉高是我知识的源泉、自信的源泉、力量的源泉。与供我们学习生活的校园这个有形的基础设施相比，对我影响更为深远的是校园精神、学习风气、课程知识，这些东西的积累，使我打下了坚实的人生基础。

在这里我学到了知识和方法。从一个粗糙的初中生，成长为一个比较全面的高中毕业生，接受了相对规范、精良的打磨。王学义老师是文言文教学行家，经过他的指点，我在文言文的学习上进步很快。他提出用组一个合适的词来理解文言文中的单个字，我在阅读时经常采用，现在也用来教我的孩子。尽管他只在我高一时教了我一年，但从此我好像开窍了，高二、高三学得都不错。姚庆富老师讲物理，信手拈来，隔离法、整体法联合使用，系统内各部分的关系就清晰明了了。嘉高学风求真务实，我做作业不快，但从不抄袭，做多少算多少，只求弄懂。爱读课本，精刷题目，基本只做一套配套练习，老师发的试卷不一定全部完成，好在老师包容，不逼我。在老师们的精心指导下，我各科学习都打下了扎实的基础，特别是理科综合在高考中获得了 290 分（满分 300 分）的成绩，我衷心祝愿嘉高的学弟学妹在成绩上超越我！

在这里我找到了衡量目标和现实的标尺，让努力有了方向感。20 世纪末，信息技术不像现在这么发达，互联网刚刚出现，个人电脑还只是少数人拥有。社会大众对大学的了解、对升学的概念都十分模糊。初入高中，并没有以后发展的方向，只是要求自己学好眼前课程。第一次考试成绩公布，我的总成绩大概在班里第七、第八，就这样找到了在班级中的位置。2000 年嘉高首届毕业生取得了 47% 左右的一本上线率（当时叫重点大学上线率），还有人考上了北大，三个毕业班有 16 人考上了浙江大学。有了这杆标尺，通过了解在学校的排名，就大致知道自己与大学的距离，嘉高第二届毕业生高考，基本稳定在首届学长的上线水平，因此我知道我与好大学很近了。

在这里我进一步增强了自信心。我学习不错，但体育是最大的痛点，因为那时我是个胖子。跑不快，跳不远，很多动作做不好，初中常被老师批评、同学嘲笑，虽然也爱踢球、打球，但并不喜欢体育课程。嘉高那个卷发红脸的教体育的姚老师是个好老师，改变了我对体育课的抗拒心态。那是一节教后滚翻动作的课程，我第一次尝试失败了，也料到会失败，其实没信心翻过去，准备跟老师说两句就放弃了。但是她没有批评我，也没有奚落我，而是帮我纠正姿势和动作，鼓励我翻过去。试了几次真的翻成功了。她也许什么都没察觉，就是习以为常的教学，但我心里却感到前所未有的温暖和放松，原来完不成动作不算出丑，原来体育老师也会鼓励人。自此以后，体育给我带来的自卑感少了很多，上大学以后我积极锻炼，完全摆脱了胖子的名号。

在这里我学会了自省，逐渐摒弃了不成熟的思想。我可能一直是个有点小个性却不自知的孩子，小时候干过很多"坏事"，爱弄点"新鲜事"。高三有一段时间，中午班级组织学生自己讲课，挑一些有心得的知识点或解题方法讲给大家听。我懒得讲，也不想听别人讲，所以就"捣乱"。有天同学准备了解析几何方面椭圆方程相关的解题方法，我一看题基本知道，于是一会儿提问，一会儿打断讲解，搞得这位同学没办法讲下去，结果一生气下了讲台，不讲了。霎时间气氛压抑，我觉得非常尴尬，无地自容。当时，班长严德荣同学（后来也取得了博士学位）出来讲话收场。他没有批评，只说同学准备一堂课不容易，懂的同学也要积极配合，最后一句"给别人一点尊严，也给自己一点尊严"我一直铭记在心。此后也常常反省，如何摆脱自以为是，做一个更好的团队成员，做一个更好的人。

嘉高三年的培养，让我考进了浙江大学，接受"求是"精神的熏陶，这是嘉高"求真"精神的进一步发展和完善。依靠嘉高打下的良好基础，我本科期间学习较为顺利，2006 年毕业时获得了保送读博的机会。浙江大学原先的流体力学专业主要从事水动力学研究，空气动力学方面几乎空白。我跟随导师做超声速气流和燃烧的数值模拟，主要对超燃冲压发动机内部的流动和燃烧现象进行仿真计算，过程曲折坎坷，最后通过在模拟中引入国内几乎没人使用过的各向异性网格并完成相关算例，展示了有利于提高对激波和火焰面等各向异性特征明显（沿法线方向的变化率与沿切线方向的变化率相差很大）的流场区域的刻画精度，虽艰难但总算取得了理想的成果。

2013年10月，课题研究基本完成，我进入当时的海门市发改委工作，一边等待论文发表申请答辩。虽然跨度很大，我还是很快适应了机关的工作要求，依靠比较全面的知识，高中打下的语文基础，读博时期锻炼的论文写作能力，很快就在撰写调研文章、社科论文方面展现出一定能力。作为主要完成人参与的多个课题成果得到了南通市第十四届哲学和社会科学优秀研究成果三等奖、南通市年度社科优秀研究成果三等奖、海门区年度社科研究优秀成果一等奖等多个奖项，2017年获评海门市首届青年社科英才。在业务工作领域，主要是节能减排和化工企业整治，承担并负责全区节能减排工作领导小组办公室、化工企业整治领导小组办公室等职能。近年来，为贯彻落实中央关于长江"共抓大保护、不搞大开发"的精神，主动取消了沿江化工园区，大力压减化工企业数量，到2020年低，已关停转产总数的90%，2021年底化工企业基本清零。

海门是教育之乡、建筑之乡、纺织之乡。著名爱国教育家、实业家张謇先生出生在海门常乐镇，为海门赋予了"海纳百川、强毅力行"的城市精神。海门中学是全国有名的高中，一本上线率常年超过95%，

2020 年有 15 人通过北大清华自主招生。海门的建筑工程队有"建筑铁军"之称，是当年支援大庆油田建设时得到的荣誉称号；建筑工人活跃在世界各地，2015 年也门撤侨，撤离的就是南通三建的施工队伍。海门叠石桥家纺市场是全国最大的家纺市场，向全国输送了约 50% 的家纺产品。

2020 年海门市撤市并区，从县级市变为城市区。全区上下立足新起点，抢抓新机遇，围绕"三年财政冲百亿，全省市辖区经济总量进前十"的目标奋力前进。

欢迎到海门来！

2021 年 2 月 15 日

嘉高校训伴成长

■ 钮耀斌

校友简介

钮耀斌，2003 年嘉兴高级中学毕业后进入华中科技大学热能
与动力工程专业学习，2013 年毕业于国防科技大学飞行器设
计专业，获工学博士学位。博士毕业后留在国防科技大学空天
科学学院从事教学科研工作，主要研究方向为飞行器结构与热
防护技术、结构动力学与控制技术、气动热弹性技术等。主持
国家自然科学基金等项目 3 项，参与国家重大专项等国家级项
目十余项，发表 SCI/EI 检索论文 20 余篇，授权发明专利 3 项，
获军队科技进步二等奖 1 项。国家自然科学基金评审专家，
Science China 等期刊审稿人。

岁月无语，青春有言，时间悄无声息地带走了我们的青葱岁月，也
给我们留下了值得回味的记忆。与嘉高作别已经 17 载有余，回望这一
路的点点滴滴，一幕幕似乎就在眼前。嘉高陪我度过了美好的高中三

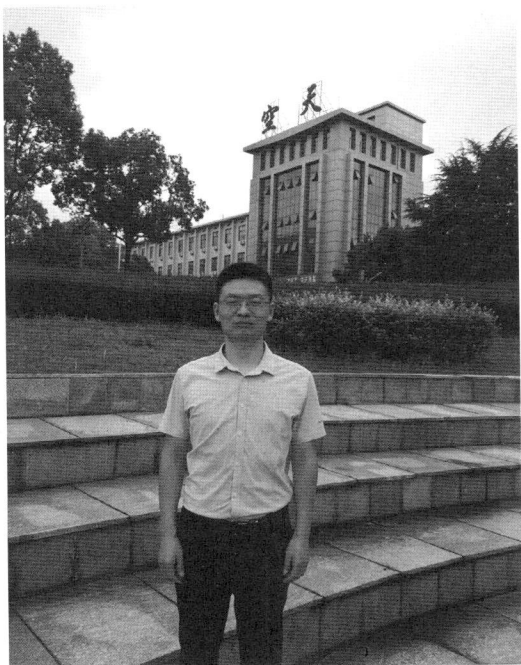

钮耀斌博士在"空天"领域科研

年，它求真的办学理念，浓郁的学习氛围，良好的校园秩序，优质的师资，助我考上理想大学，"真"的校训一直影响着我人生的每一步，指引着我不断前行。

2003 年，高中毕业后的我进入华中科技大学热能与动力工程专业，开始大学生活。大学不是高中的终点，而是生命中一个新阶段的起点，需要继续努力、不断"求真"、开创未来。大学期间，学习仍然是首要任务。与高中不同的是，大学的课程学习内容更多，进度更快，有的课程一次课需要学完好几节内容，考核模式也更加复杂，考察内容更加多样。同时大学的约束更小，学习的目标不再那么明确。高中时期更多的是准备高考，进入大学以后，就像进入了一个自由、无拘束的天地，没有人会催促你学习，没有人会检查你的学习状态、学习效果，这就更需要个人具有高度的自我约束力，能钻研和自主学习，做到自律、自学、自省。因此，尽快适应大学的学习方式，转变学习观念，也成为当时的关键一环。为适应这种改变，必须寻找"真我"，找到适合自己的学习方式。我努力学会优化学习思路，适应从纵向到横向的学习内容变化，利用课余时间自主学习，提高学习效率。很快，学习有了明显的起色，学习成绩也逐步提升。到了大三结束，我的成绩已经排在了专业前10%。也因此，我在2006年的9月顺利地拿到了学校推荐免试研究生资格，同年10月，收到了国防科技大学的推荐免试研究生录取通知。

2007年9月，我开始了国防科技大学六年半的硕士、博士研究生学习生活。由于从本科的热能与动力工程专业转到了研究生的飞行器设计专业，课程内容有了较大幅度的转变，但课程的学习方式与大学学习类似，因此课程学习对于我来说难度并不大。除了课程学习以外，研究生阶段大部分精力都需要投入到课题的研究上去。课题的研究，选题最为关键。而选的过程，与"求真"紧密相连。一是要在课题需求上"求真"，课题研究必须以解决工程实践的关键问题为需求，当时课题组正在进行国家重大专项的技术攻关，因此我的研究课题必然以国家重大专项的实际需求为指引，也必须服务于国家重大专项的工程实践。二是要在自身专业技能上"求真"，由于本科是热能与动力工程专业，对热的理解较深，因此如果能与热相结合，那对课题的研究以及自身知识的储备都很有帮助。三是在同行进展上"求真"，课题的研究必须了解国内外同行的研究进展，做到知己知彼，才能找到创新点。经过仔细斟酌、反复酝酿、广泛调研，最终选择了气动热弹性问题作为自己的研究方向，既与本科专业的"热"相关，又是飞行器设计中不可回避的关键问题。选题确定以后，需要的就是坚定不移地执行。早上7点到实验室，晚上10点回寝室，这样的生活成了研究生生活的常态。随着研究的深入，也很快出了一些成果，发表了多篇高水平的学术论文，自己的研究课题也获得了湖南省研究生科研创新项目资助和国防科技大学优秀研究生创新项目资助。凭借着这一系列成果，博士研究生阶段也获得了航天科技集团CASC公益奖学金，自己也被评为国防科技大学优秀学员、国防科技大学优秀毕业生。

2013年，博士毕业后我选择留在国防科技大学空天科学学院工作，开始自己的职业生涯。我加入的团队主要是以飞行器的工程研制工作为主，就是对新型飞行器进行论证、设计、生产以及飞行试验，从而验证研究过程中突破的关键技术。这样的工作相比基础科学研究更加具体，更加需要"求真"精神，需要尽心尽力。正所谓成功是差一点失败，要确保飞行试验成功，就需要对每一个步骤、每一个细节精雕细琢。功夫不负有心人，2015年12月，团队研制的飞行器首次飞行试验圆满成功。工程项目之外，基础科研对于高校教师来说至关重要，正所谓没有基金寸步难行，因此基金申请也成为我的另外一项主要工作。幸运的是，在飞行器工程研制过程中出现的很多关键问题刚好可以作为基金申请的牵引，也是急需解决的科学问题。因此，在毕业第二年，我申请的国家自然科学基金项目就成功获批。同时，在基金项目的支持下，科学问题有了很好的解决，飞行器设计过程中的关键技术也得到了有效的突破，团队因此获得了军队科技进步二等奖。

路漫漫其修远兮，吾将上下而求索。感谢嘉高的培育，嘉高给我的"真"的教育受用一生，我将用一生去实践，用一生来铭记。不管我走到哪里，我永远都是嘉高人。祝福我们的嘉高越办越好，培育更多的人才，续写更辉煌的篇章。

2020 年 12 月 28 日

阔别二十载　归来亦少年

——我的嘉高印记

■ 胡古月

校友简介

　　胡古月，2003 年毕业于嘉兴高级中学，2014 年毕业于中国地质科学院，获得博士学位。目前就职于中国地质科学院矿产资源研究所，担任副研究员职务。截至目前，以第一作者和通讯作者的身份在中外期刊上已发表地质类科技论文 18 篇；主持完成 2 项国家自然科学基金项目；主持完成西藏自治区革吉县

胡古月博士（右一）在西藏自治区昌都市类乌齐县卡玛多菱镁矿矿床科研勘察

雄巴南 1:50000 区域地质调查；目前，正在主持《中国矿产地质志·镁矿卷》的相关编著工作。

嘉高学习记忆

遥想 20 多年前，建一所高品质的高中，是整个嘉兴市郊区（现为秀洲区）人民心中的梦想。依稀记得上初中时，有一天我放学回家，母亲满心欢喜地告诉我："听说郊区真的要建一所重点中学了，以后咱农村娃不用去市里，也能上高级中学了！"为此，母亲很爽快地捐了 200 元。紧接着，在 2000 年 7 月，我被嘉兴高级中学录取，母亲很是欣喜，自诩为佛教徒的她深信，正是她之前捐的 200 元钱，助了我一臂之力，使我得以顺利考入了嘉高。

在嘉兴高级中学的三年学习时光中，印象最深的自然是班主任刘晓棠老师，我们亲切地称她为"刘姥姥"。刘晓棠老师毕业于鞍山师范学院中文系，是我们的语文老师。她是典型的东北女性，温柔中带着刚毅。刚入高中，我的语文成绩不大理想。但我这人又有个独特的地方，就是有点喜欢跟自己的弱点较劲。在整个高中一年级阶段，我一直在努力学习语文知识，作业一般都是超额完成。到了高中二年级文理分班之后，刘老师就让我担任了班级的语文课代表，并一直担任到高中毕业。

所以，我跟刘老师交流颇多、关系很好，有时生病也曾让她的医生母亲帮忙医治一下。在刘老师的谆谆教导下，我的语文成绩慢慢有了提升。2003 年高考的时候，我还记得我的语文成绩是 106 分，尽管不是很高，但当年的高考题很难，对我来说也已实属不易，高考总分 508 分即是本科重点线了。

在高中阶段，那时我们学校是封闭式管理。刚到嘉高的时候，我极不适应。虽来自秀洲区西北角的农村，但初中时我并不住校，隔三岔五还去游戏厅耍一耍，花去一两元钱，通过游戏通关让大脑分泌一些多巴胺物质，获得短暂的快乐。来到嘉高之后，只有每个周日的下午，被允许出去 3—5 小时，逛一逛嘉兴市内的商场，这对于我们这些玩耍惯了的学生而言，感觉有点严苛；同时又由于自己的生活费不多，我往往在一个月时间里也难得出去一次，成为在校园内闭门修行的"苦行僧"。嘉高的此种生活方式，对我今后人生中有点"清心寡欲"的性格养成，却也产生了极大的作用。比如：我现在能长时间地开展野外地质考察，挣得多挣得少也不太在乎；常常 3 天不跟人说话，一直埋头看文献和整理数据。

当然，嘉高给我带来的快乐也是无穷的。由于长时间在一起，同学们之间的凝聚力和向心力很强，我也结交了好多朋友。高中三年，我一直在（3）班，高一（3）班、高二（3）班到高三（3）班，我爱（3）班，也爱我们的班主任"刘姥姥"，同学们也都亲切地叫我"二胡"。在高一和高二，我都代表班级参加了学校的 3000 米长跑比赛，同学们给我加油鼓劲的呐喊声，至今感觉还在我的耳边回响，似乎就在昨天。记得有一次有外人欺负我，当时班里的孟慧佳同学挺身而出替我打抱不平，让我很是感动。还有寝室一起拍摄的"古惑仔"照片，依旧保存在我的相册之中。回想我那个青涩而单纯的年代，我当时把寝室的哥们都当成亲兄弟看待，大家也都很热情地待我，三年的集体学习、生活时光，温馨而快乐。

地质科研工作

"远看像一群要饭的，近看是搞地质的"说的就是我从事的这个行业。地质行业有时比较火，有时又很冷。在"赶英超美"和"大炼钢铁"的时代，这个行业很受重视，从业人员工资高出当时的平均工资水平一倍多。到了20世纪90年代，又有"找矿不如买矿"的提法，地质就开始走下坡路，很多地质工作者被逼转行，开出租车的，养猪的，搞互联网的，各式各样不一而足。再后来，我们国家开始基础设施大建设，地质工作又迎来了春天。现如今，环境保护政策逐年收紧，地质行业又有了新变化。但嘉高的学弟、学妹们如果特别喜欢这个专业，那还是可以考虑学习这个专业的，因为大家都知道"兴趣是最好的老师"，在兴趣的强烈引导下，往往能给予你不断深入学习的动力，也往往能助你在这个领域有所作为。

就我个人目前的工作而言，其实是2008年才真正开始进入科研工作领域的。在2008年，我进入研究生阶段的学习，就读于中国地质科学院。当时我的硕士研究生阶段的导师曾令森研究员，是从美国加州理工学院获得地质学博士学位后，刚刚回国工作的。众所周知，英文是科学研究的第一语言，而当时我的英文却"差得可以"。我初中一年级时初学英文，感觉甚难。我仍记得初中有位叫俞炳华的同学跟我说，"你看周围谁说英文，这东西学了就是白搭"，当时此话正中下怀，成为我十年不好好学习英文的最大借口。因此，在 2008 年至 2011 年的三年多时间里，我一直在补这个缺口。曾老师待我很好，因为我是他带的第一个男学生，我们常常一起在西藏爬山、野外考察。他送了我各式各样的英文书籍，终于，我发现自己开始喜欢阅读英文版的侦探小说。从英国小说家阿加莎·克里斯蒂开始，我读了 50 多本侦探小说，英文的阅读能力突飞猛进。但是，由于我的口语还是一如既往地烂，尽管 GRE 分数还可以，但依然没能前往美国进行博士研究生阶段的学习。但仔细想来，未能去北美地区进行研究生阶段学习的根本原因应该是意志力的减弱。我很熟悉的一位优秀师兄在美国博士毕业后，居然去休斯敦做起了画图员，导致我对去北美深造的意愿大大减弱。因此，人的意志力其实极为重要，有时甚至比智商还要重要。

我从 2014 年进入中国地质科学院矿产资源研究所工作，至今也已有 6 个年头。我作为刚刚进入科研工作领域的青年人，第二年便能顺利获得国家自然科学青年基金的资助，也算是一个比较幸运的人了。青年基金，就是我国科研人员正常进入研究领域的门槛，也基本意味着你能评到高级职称了。而我所在的研究所，与各类大学和中国科学院系统不同，我们还负责协助自然资源部指导全国各省地质找矿工作的开展。做好指导工作的前提，是自身要有过硬的生产工作经验，而不是单单擅长于科学研究工作。2016—2018 年，我主持了西藏自治区阿里地区革吉县的四幅 1:50000 区域地质调查工作。带领 15 人的小分队，在西藏的无人区进行了整整 3 年的野外地质调查工作。在调查工作接近尾声时，我认为自己的野外工作能力已经锻炼得差不多了，就申请了国家留学基金委的公派留学项目。在 2018—2019 年，我在澳大利亚的西澳大利亚州度过了一年，强行夯实了英文口语基础，也认识了很多地质勘查同行。回国之后，我就开始承接陈毓川院士主持的《中国矿产地质志·镁矿卷》的编著工作，又跑遍了国内各个省会城市和典型矿山。因此，总的来说，我的工作还是开展得比较平稳、踏实的，科学研究和生产任务同时在推进，一步一个脚印地在前行。

要有"选择"权利

人，唯有身在高处，才有"选择"的自由。对于高中生而言，唯有取得好成绩，才能拥有选择心仪的学校、合适的专业的权利。面对困难和问题，人自然地会逃避，其实也就是人们常说的"懒惰"。就个人而言，我与大多数人是一样的，是"懒惰"的。在工作中，我对抗"懒惰"的法宝就是不断告诉自己，唯有不断地让自己变强，才能拥有"选择"的权利，争取到最好的资源。因此，嘉高的同学们，希望你们能在高中阶段就能培养出克服困难的勇气、改变命运的决心，今后才能有

"选择"的权利，才能与社会上的"好资源"结缘。

嘉高的学弟学妹们，愿我们永远追求卓越！

2020 年 12 月 10 日

真学真知求智慧

■ 李　恺

校友简介

李恺，2005 年 7 月嘉兴高级中学毕业，进入杭州师范大学学习，2012 年桂林理工大学硕士毕业后留校任教，主要从事水污染控制和土壤重金属植物修复研究。2014—2018 年攻读同济大学环境科学与工程学院博士学位。博士期间主要从事环境

李恺博士（左一）和课题组在一起

混合物毒性相互作用研究。2018 年被嘉兴市人才引进，入职
嘉兴市生态环境局，主要负责嘉兴市危险废物规范化管理、长
三角一体化固废联防联控、土壤污染防治、重点行业企业用地
详查、土壤污染防治"十四五"规划等工作。现入职同济大学
环境科学与工程学院博士后流动站，从事土壤污染防治与碳管
理相关课题研究。

毕业多年之后，怀着一份期待的心情去看看母校——嘉兴高级中
学。平日里的嘉高没有过多的热闹与喜庆，整个学校一如数年前记忆中
的那样，没有言语，却散发着让人平静的书香气，矗立的"JG 拥抱未
来"雕塑仿佛是个守望者，日夜守护着嘉高学子的美丽梦想，更守护着
一届届嘉高人的美好回忆。悠扬的下课铃声让她泛起笑容，女孩们三三
两两嬉戏着、细语欢笑，男孩们三五成群奔跑着、打球玩闹，这不禁让
我想起初入嘉高校园时的情景。

第一次与她相遇是去读初中，我那时候作为嘉兴市秀洲现代实验学
校的第一届学生，借读在嘉高的校舍，与嘉高的哥哥姐姐们一同学习生
活。那时候的我们，于嘉高，是少不谙事的孩童；嘉高于我们，是谆谆
教导的家长。初一的时候，每逢周末我们会在教学楼中心的花园搭起幕
布，排排坐着看电影，看着高中的哥哥姐姐，幻想着也要像他们一样，
能有大人的模样，蜕去自己脸上的稚嫩。

2002 年 6 月中考结束，我总分超嘉兴一中分数线，但受到嘉高老

师和领导的关怀，感怀嘉高的循循善诱，进入了理科重点班学习。当时我们的任课老师，近一半是新嘉兴人，上课时夹着些许家乡话，但这丝毫不影响我们对知识的渴望，反而激发了我们认真听讲、努力学优的好胜心，到现在依然记忆犹新。刚入高中的我，已然适应了寄宿生活，也对学校紧凑的课程安排和见缝插针的休息玩闹驾轻就熟，也逐步开始完善自己在学习上的一套方法，推敲理解，举一反三，融会贯通。那时求学的我，对"真"这一校训似懂非懂，经过社会的历练和更成熟的思考，现在的我，有了新的认识。

真学真知求智慧

嘉高三年生活，是我们步入社会的另一个起点，是我们思想、价值观念趋向成熟的重要阶段。嘉高规范而创新的管理理念，培养了我们早期科学研究的意识和态度。那时候徐新泉校长大力推进、潘新华老师带着我们开展研究性学习课题研究，充分发挥了我们的主观能动性，让我们结合所学知识与社会现象，在现实生活情境中，通过我们一个暑假自主探究式的学习研究活动，最终形成了《嘉兴城市雕塑的调查与研究》报告，课题获得了嘉兴市级一等奖，《嘉兴日报》还专门做了报道。

老师们将我们从课本中引领出来，让我们带着问题去思考，去追寻一个现象的社会意义或者是科学本质，在我们的心里埋下了一颗求真的种子，这或许是我今后从事科研工作的萌芽。记忆中，这样的研究性学习在嘉高形式多样，同学们在老师的指导下，在已有知识或经验的基础上，经过同化、组合和探究，获得新的知识、能力和态度，发展创新素质，形成科研意志。谢谢母校用多样的途径改进我们的学习方式，促进我们全面发展。

真清真静求悟境

嘉高见证了我从少年到青年的生命进阶，高中时代，是我人生观、世界观和价值观基本成型的阶段，而且通过嘉高三年努力勤奋的学习，我逐渐养成专属自己的思维模式。高一学习节奏并不紧张，我展现了自己积极好动的一面，成为学生会学习部部长，组织了演讲赛和辩论赛，参加物理竞赛，参加奥数训练营，主持校庆晚会，做学校广播站主持人……但学校崇尚学习、热爱学习的浓厚氛围，让我始终清醒地认识到学习才是我的本职工作。老师们一直围绕着学习，去寻找和拓展学生的闪光处，给学生提供更多的平台和指导，为学生的将来埋下更多更好的种子。这样的经历，结合着老师们动之以情、晓之以理的教育和指导，让我在社会的多元文化中保持着文化自信，也让我在喧嚣嘈杂、充盈着欲望的城市里沉下心来。

此刻的我们，可能也已为人师、为人父母，可能带领着团队，开始传道受业，然而，那些才华和魅力，或是在高中时代已经展露，或是在高中时代已萌芽，在大学和工作中成长与升华，给了你更多的动力和自信。嘉高"文明、勤奋、求实、创新"的校风,"爱生、协作、精业、善导"的教风,"尊师、求真、勤奋、多思"的学风,给了我们在奔流中能清、在闹市中能静的土壤。

祝愿母校——嘉兴高级中学不断"求真"前行!

2021 年 1 月 26 日

走在嘉高勤奋务实的路上

■ 王建林

校友简介

王建林，2006 年 7 月嘉兴高级中学毕业后，考入中国科学技术大学材料科学与工程专业学习，2015 年毕业于中国科学技术大学材料科学与工程系，获材料物理与化学博士学位。2015 年 6 月留校从事博士后研究工作，其间获得国家留学基金委"青年骨干教师研修计划"资助，

王建林博士在日本大阪大学参加学术会议

在日本东京大学物理系访学一年。目前是中国科学技术大学合肥微尺度物质科学国家研究中心副研究员。主要研究方向为氧化物薄膜的强关联物性、太赫兹物理和技术等。先后主持

博士后基金面上项目、安徽省自然科学基金青年项目、国家自然科学基金青年项目各 1 项，参与国家自然科学基金委国家重大科研仪器研制项目、科技部国家重点研发计划各 1 项。目前已发表 SCI 论文 40 余篇，授权发明专利 5 项。合作培养硕士研究生、博士研究生各 1 名。*Acta Materialia*、*Journal of Materials Chemistry C*、*Journal of Alloys and Compounds*、*ACS Applied Materials & Interfaces* 等杂志审稿人。

自 2003 年从嘉兴市南湖区七星镇中学考入嘉兴高级中学以来，已将近 17 载，17 载差不多正是一个人从娃娃成长为青年的时间。我很庆幸自己能进入嘉高学习，在我眼中，嘉高就是一个小而精的高中，规模不大，不像很多超级高中一样，学生规模达到上万人甚至几万人。我记得我们当时整个年级文理科加起来也只有十个班。小而精的特色，意味着每个老师都能把足够多的注意力倾注在全部学生身上；意味着每个学生，都能沉浸在良好的学习氛围当中。

感谢母校嘉高对我的培养，嘉高校训"真"，校风"文明、勤奋、求实、创新"，在我眼中内化成嘉高人"踏实"两字的特性。嘉高的学生是踏实的。记得那时是住校制，大部分学生是住校的，两个星期才回家一次。同学们在校期间一般六点前就起来了，进行早读，晚自习要到十点左右才回去洗漱休息。每天过得充实而有意义，目标简单而明确：通过自己的努力，考上好大学，将来能有好的发展。回想自己的高中三年，在老师的辛勤教育下，自己稳扎稳打，慢慢进步。当然高中期间也有失落和焦虑的时候，老师都给予我及时和大量的帮助。高中三年，锻炼了我提前预习、举一反三的学习能力和不服输的坚持精神。高中三年，我担任了三年的劳动委员，如何组织同学们在完成繁重的学习任务之余，做好教室和校园包干区域的卫生保洁工作，也在反复地锻炼我的交流和组织管理能力。所有这些，都潜移默化地在培养我。

嘉高的老师是踏实的。犹记得我的班主任邵国民老师，几乎天天和我们在一起，对每一个学生的生活和学习情况了如指掌。有一件事，我记得非常清楚，邵老师经常牺牲自己陪伴家人的时间，在我们晚自习的时候，"偷偷"从教室外面的各个角落"监视"大家的自习情况，帮助

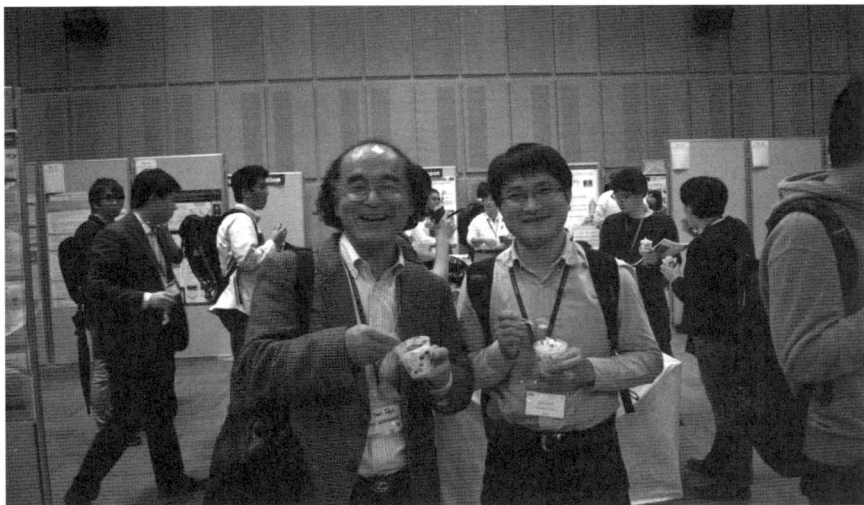

王建林博士（前右一）在日本筑波（Tsukuba）参加第八届表面科学国际研讨会（The 8th International Symposium on Surface Science, ISSS-8）时，与时任日本东京大学物理系主任长谷川修司（Shuji Hasegawa）的合影

大家营造良好的学习氛围，我也永远感恩曹建琴老师的关心。

嘉高的领导是踏实的，老校长徐新泉老师有两件小事我记得特别清楚：一件事是，有一次早上，我看到徐老师在校园里默默捡起路边草丛里的垃圾，扔进垃圾桶里；另外一件事是我们晨跑的时候，徐老师路过，他发现有两位学生没有穿校服，便亲切地和他们攀谈，问他们没有穿校服的原因，并希望两位同学一定要养成自觉遵守学校规定的习惯。这些细节，都体现嘉高老师对嘉高的无私奉献、对嘉高学子的谆谆教导，同时也是在把"真"的教育用实际行动踏踏实实地传递给所有嘉高人。

高中相对来说是一个目标单一、生活简单的求学阶段。嘉高提供了一个非常好的学习环境和非常敬业、优秀的老师。"三点一线"的生活似乎显得枯燥乏味，但也在磨砺着自己的心性、培养着自己的良好学习习惯。高考是三年高中生涯的终点，也是大学本科的起点。经历了高考，可能很多人以为会进入"美好"的大学生活，比如不用再努力学习了，可以"放飞自我"做自己喜欢的事了。2006年进了大学，我才发现这又是一个需要勤奋学习的开端。大学的同学，都在关心GPA、GRE、托福，规划着早下实验室、未来出国留学等打算。但是，我刚上大学那会儿，也没意识到同学们都那么拼是为了什么，自己也没有目标。同学们都在准备托福和GRE，我也就跟着准备，被大学的这种氛围包裹着，也就成了其中的随波逐流者。现在回想起来，应该要一进大学就早做规划，搞清楚自己未来要干什么，这一点很重要。

大学四年很快接近尾声，在大四那一年，我放弃了出国申请，选择了保送本校进行研究生硕博连读。在研究生阶段，我进入了著名教授陆亚林老师的课题组。那一年正值陆老师从美国回来，组建实验室。这样，我有幸能够参与了一个大型现代化实验室的建设，受益匪浅。我参与了国家重点基础研究发展计划（973 计划）"氧化物复合量子功能材料中的多参量过程及效应"项目，其间利用磁性插层的新方法，成功获得了具有完全自主知识产权的新型单相多铁材料，并实现了高于室温（100 摄氏度）且远离共振条件下的磁电耦合效应。同时，演示了高温低磁场条件下工作的磁电耦合器件。相关工作中的新材料已被授予国家发明专利，发表的论文受到国际同行的广泛肯定。读研究生期间，也正如刚进入高中和大学一样，又是一个需要大量学习的开端。嘉高的培养，带给我勤奋踏实、求实创新的基础，使我勇于去拓展自己的知识面、挑战有难度的课题。

2015 年 6 月，我顺利通过博士论文答辩，获得博士学位，并选择留在本校开展博士后研究工作，获得国家"2011"量子信息与量子科技前沿协同创新中心"墨子杰出博士后"资助。其间，通过国家留学基金委"青年骨干教师出国研修"计划资助，作为访问学者到日本东京大学理学院物理系长谷川修司（Shuji Hasegawa）教授课题组交流访问一年。2018 年转聘为特任副研究员，继续在学校开展研究工作。到目前为止已发表 *Mater. Horiz., JMCC, APL, PRB, AOM* 等 SCI 收录论文 40 余篇，授权发明专利 5 项，主持承担自然科学青年基金、安徽省青年基金、博士后面上基金等科研项目 3 项，参与基金委项目 4 项，科技部国家重点研发计划项目 1 项。在功能氧化物块材、薄膜，太赫兹谱仪和应用方面取得了一系列成果。在此感谢母校嘉兴高级中学的培养，教会我勤奋务实、求真创新的学习精神，使我一直沿着嘉高勤奋务实的道路走来！

愿母校——嘉兴高级中学越办越好。

2020 年 12 月 21 日

仰望星空　追寻梦想

■ 陶　春

校友简介

陶春，2006 年 7 月毕业于嘉兴
高级中学，2015 年于第二军医
大学获得医学博士学位，曾任第
900 医院药学科主管药师、实验
室负责人，现任嘉兴海关二级主
办。发表中文统计源论文 19 篇
（一作或通讯 9 篇），SCI 论文 11
篇（一作、共一或通讯 9 篇）；申
请发明专利 11 项，其中授权 5
项；主持科研课题 3 项，参与多
项；获得全军和省市多项科研奖励；担任全军军事药学专业委
员会委员、福建省医院药学专业委员会青年委员、福建省实验
动物学会青年委员。

陶春博士在第二军医大学

人生很短，几个十年，转瞬便是白首；人生很长，漫漫长路，无数日出日落。

人生有很多选择，每一个选择都是一种不同的人生，而年轻就要有梦想，不然怎么是少年！

好铁不打钉，好男不当兵，我参军了，这是我人生中最重要的选择。就在 2006 年的那个夏天，嘉兴高级中学的阶梯教室，我填报了提前批的第二军医大学，参军入伍。在战争年代，军人意味着危险、牺牲，在和平年代，军人仍然远离了正常的生活。中国那么大，每个人都想去游玩，但无数地方需要有人站岗，无数岗位需要有人坚守。他们放弃了与家人的团聚，放弃了城市的繁华，放弃了家乡的温暖，但是他们无怨无悔，因为他们的身后就是他们的父母、妻子和孩子。在江浙沪这个中国最富庶的地方，我亲爱的同学们去了新疆、西藏。将军百战死，壮士十年不得归，就是如此。在《兄弟连》的结尾，孙子问爷爷："爷爷，你是战斗英雄吗？"爷爷回答："不是，但我在英雄的连队战斗过。"我很自豪，曾和很多平凡的英雄并肩战斗，我想，我实现了年少时的梦想。

4 年军校生涯即将结束时，我考取了研究生，经过 5 年的学习，获得医学博士学位，由此开始追逐另一个梦想。人生最悲痛的莫过于生离死别，尤其是不经历死别，不知人脆弱如斯。我期待着可以学有所用，由此瞄准了新药研发，以纳米技术治疗肿瘤。在过去的几年中，我申请了多项课题，发表了多篇论文，但身在其中，才知新药研发之难。很多人都觉得买药贵，但几乎每种新药的诞生，都是无数科研人员几十年的辛苦钻研，以及几十亿资金的巨大付出。即使如此，新药研发仍然是高风险的典型，极高的失败率让人们深深领会到敬畏生命的重要性。

这10年的科研生涯是一段宝贵的经历，感受到了理想的丰满，现实的骨感。科研，就是在挫折中前进，非意志坚定者不能为之。曾经有很多开心的时光，解决了一个个老问题新问题、实验结果阳性、论文被接收、课题获得通过等等，甚是春风得意。最快乐的是与同门和同事齐头并进，最自豪的是指导的硕士可以继续深造，颇有伯乐之感。有光就有影，前进是快乐的，但向前迈步是艰难的。在研究生期间，被针扎被鼠咬，竟然打过不下三次狂犬疫苗，实在是不堪回首。甚至有一次，注射肿瘤细胞的针头扎到了拇指，顿时血流如注，更是担惊受怕了多时。尽管如此，回首望去，追寻梦想的旅程依旧是快乐的。

如今，我脱去了军装，暂别了医学，但洗去浮尘，我心依旧，不能忘记也不会忘记曾经的梦想。所以，最想告诉嘉高的学弟学妹们的是，切勿甘于平庸，梦想很遥远，但每跨出一步，就会离梦想近一些。

2020 年 12 月 13 日

"真"智造，方为"真"嘉高人

■ 侯若宇

校友简介

侯若宇，2003—2006 年就读嘉兴高级中学，2013—2016 年就读于麦克马斯特大学（McMaster University）电气工程博士并毕业。2012—2013 年曾在美国通用 GE Transportation 工作。2017 年至今，在加拿大 GaN Systems 担任主任应用工程师 (Staff Applications Engineer)，从事电力电子及宽禁带功率半导体的应用 (Power electronics and wide-bandgap power semiconductor applications) 工作。

我 2003 年入读嘉兴高级中学，并有幸加入当时的理科重点班 10 班。先说说我的同学和室友吧，可以说当时的 10 班班级荣誉感极强，也十分团结，我们寝室一共 8 个人，关系也一直很好（现在仍保持着联系），因此虽然我家离学校不远，但三年来我仍然一直坚持住校。当时我觉得我的室友们都很聪明、努力、淳朴、友好，所以我很愿意和他们一起生活，从他们的身上学习那些课本上有的知识和课本上没有的品质。现在回头看来，这份真挚的友谊也是不可多得的，为我的青春增添了浓浓的而又生动的一笔。

关于嘉高的老师们，入学第一天的情景，我记忆犹新，当时我们的

侯若宇博士在毕业典礼上

班主任周菊明老师用一口流利的英文介绍了学校、班级以及她本人，并要求我们每个人站起来做自我介绍。在之后的学习中，周老师果断的做事风格也对我有着很深的影响。大概是从高二开始，我们的班主任换成了黄光银老师。黄老师在数学教学方面有很高的水平，生活中的小事他也亲自给我们示范，如拖地就该"拼命使劲"。没有干劲，地就不会干净；数学学习上，他的名言"横看成岭侧成峰""种瓜得瓜，种豆得豆"更是每隔一两节课必能听到。听到这些名言我们总是"哄堂大笑"，他本人也微微一笑，为我们高中的生活增添了不少乐趣。

如今，我已在加拿大麦克马斯特大学（McMaster University）博士毕业，发表的论文也有 20 余篇，其中不乏在 *IEEE Transactions on Power Electronics* 等杂志发表。踏入工作岗位也有了几年时间，有幸的是，目前工作的公司属于最近很热门的行业，也很国际化，对中国的市场也非常重视。我本人也很高兴看到祖国越来越愿意投资新兴技术领域，去"智造"。这些年，新能源汽车，第三代功率半导体如碳化硅 (SiC)、氮化镓 (GaN) 都是大热门。国内很多相关公司也大有崛起之势，相信未来会有更多更新的机会给更年轻的"嘉高人"。

回想过去在嘉高的高中生活，我觉得那三年很充实，很美好。希望目前及未来的嘉高人能继续秉承"真"的校训，勤奋努力，独立创新。"真"的嘉高人定能"真"的智造。

亦以此文缅怀我们敬爱的周菊明老师！

2020 年 12 月 9 日于渥太华

但行好事，莫问前程
——做真实的自己

■ 张明华

校友简介

张明华，2006 年 7 月毕业于嘉兴高级中学，2017 年华南农业大学与意大利博洛尼亚大学联合培养博士毕业。现为华南农业大学南方农业机械与装备关键技术教育部重点实验室助理研究员，人力资源和社会保障部、全国博士后管委会"博士后创新人才支持计划"获得者，广东省农业机械学会青年工作委员会秘书长，国家第六次技术预测智慧农业领域专家。主要研究方向为智能农机装备和水稻机械化种植技术，获华南农业大学优秀博士学位论文；主持完成博士后创新人才支持计划 1 项，博洛尼亚大学校科研项目 1 项；主持在研国家青年自然科学基金、广东省青年自然科学基金、广东省重点领域研发计划（课题负责人）、上海市科技兴农项目（课题负责人）、吉安市重大科技专项（课题负责人）各 1 项；参与"十三五"国家重点研

发计划等国家和省部级项目 10 余项。目前以第一作者已发表
SCI/EI 论文 6 篇；以第二作者完成人获授权发明专利 3 项（导
师第一），其中 2 项已实现产业化；参著专著 1 本。

张明华博士在中国农业工程学会 2017 学术年会——农业机械化与装
备工程分会场并做演讲

每个人都有过感叹："时光荏苒，日月如梭。"希望时间慢点走，甚至停留。确实，一回首，自己已经从嘉兴高级中学毕业 10 多年，今天能一起来分享自己的学习科研感受，甚是荣幸。

我相信缘分。在中考之前，一次偶然的机会，我和姐姐来到嘉兴高级中学，当时对嘉高印象最深的就是校园广场上的"JG 拥抱未来"的大型雕塑，以及漂亮的真草足球场。姐姐告诉我，嘉兴高级中学办学才不到 5 年，但教育质量已经是嘉兴市本级第二、嘉兴大市名列前茅的学校，还开玩笑说："万一嘉一中没上，来嘉高也挺好。"次年中考，我还真来到了嘉高，从此对嘉高有了更深的认识。记忆犹新的是在教学楼下，大石头上那个大大的"真"字，后来渐渐明白，这是嘉高的魂，也是嘉高人心中的明灯。

只争朝夕，不负韶华。高中的学习任务异常繁重，但上高中时我们也正青春，精力充沛，积极向上，更需要务实、求真的态度，培养好科研素养，夯实基础。嘉高大小周的休息方式，不知是否依旧延续。有一次和同学探讨，嘉高小周周六晚上和周日早上的自习课是最好的自我提升时间，因为可以安安静静地总结自己，复习难点，翻翻错题，练练竞赛难题，让知识点消化提升。2006 年以前，家用电脑还没那么普及，手机还是 NOKIA 9 键，获取知识的主要途径是课堂上老师的授课；现在科技越来越发达，学弟学妹们获取知识的途径也越来越多样化，但同时也会接收到很多垃圾信息和诱惑，需要去分辨。学习需要百炼成钢，有时候你觉得自己已经非常努力，甚至感动了自己，但要知道，总有人比你更努力。

　　本科的学习，虽然课程比较紧凑，但与高中比，相对轻松，有富余的时间，加入社团或培养自己的爱好。到了大三，我加入了课题组，这可以让专业课程学习与项目研究结合起来，遇到问题经常跑图书馆，查阅各种资料。大三下学期，顺利保研。大四就正式加入了导师课题组，参与项目研究作为毕业设计。同年，导师被评为中国工程院院士。

　　"老老实实做人，踏踏实实做事"，这是导师一直以来对我们的谆谆教海。他要求很高，在农业工程学科，要求所有研究生的研究必须形成样机到田间试验。可我自己从小到大没种过田，顿感困难重重。但在团队的科研氛围下，我积极参与团队的各项田间试验活动，有时和师兄弟们一起连战几个通宵。研二期间，我在水稻种植机械化关键技术研究中取得了较大突破，成果转让给了上海一家企业，并在全国20多个省（自治区、直辖市）推广应用，最终该成果也成为导师主持的国家技术发明二等奖的重要支撑。到了研三，有一天导师找我谈话一个多小时，让我直接攻读博士学位（直博），并计划让我毕业后留校工作。考虑再三后，我同意直博。博士期间，延续了我硕士的研究课题，并在2015年申请到了意大利博洛尼亚大学的科研项目经费，联合培养一年。联培期间，依托项目在中方控股的一家意大利最好的农机企业实习半年。

　　"You will see suffering that could break your heart, and when it happens, don't turn away from it. That's the moment change is born."这是比尔·盖茨在斯坦福大学的一句演讲，我非常喜欢，感觉怎么翻译都没有原文精彩。联培回来后，虽然毕业论文拿到了校优秀博士学位论文，却遇到了学校的留校工作政策改革。虽然导师极力争取，但还是无法直接留校工作。当时极度沮丧，虽然找工作不愁，比如浙江理工大学、上海大学、国内龙头企业等多家单位都向我发出了邀请，但是心里依旧很难平衡。这一年很艰难，但也是我成长最快的一年。我也开始反思自己，慢慢调整了过来。作为农业工程学科的研究人员，坚持以农民生产需求为导向，坚持研究与产业化结合，为农业农村现代化建设添砖加瓦的初心没有错，但在埋头干的同时也要学会抬头看。

但行好事，莫问前程。我想，将力所能及的事情做到最好，不去计较眼前的得失；对以后的事低期待，对现在的自己高要求，这就够了！

张明华博士（右一）给荷兰副首相一行介绍研究成果

坚持做自己认为正确的事，坚守初心，脚踏实地，阳光总在风雨后。
2017年，我进入了国家人力资源和社会保障部、全国博士后管委会设立的"博士后创新人才支持计划"，开展博士后研究工作，其间被遴选到科技部中国农村技术开发中心借调。一个人可以走得很快，而一群人可以走得更远。留校工作后，主持了国家青年自然科学基金、广东省青年自然科学基金、广东省重点领域研发计划（课题）等，并组建了自己的研究团队，培养自己的学生。引用《无问西东》中的一句话："愿你在被打击时，记起你的珍贵，抵抗恶意。愿你在迷茫时，坚信你的珍贵，爱你所爱，行你所行，听从你心，无问西东。"

　　我虽然身处他乡，每次听到母校——嘉兴高级中学的佳音，都特别高兴。比如每年高考放榜时，都有出色的学弟学妹考入全国一流大学；每隔一段时间，就有校友们在岗位、专业上取得了丰厚的成绩。嘉高之所以优秀，靠的是求真、勤奋的学生，还有敬业、善导的老师。饮水当思源，感恩母校，祝福嘉高！

2021 年 1 月 16 日

从嘉高开始"嘉木扬长"

■ 施华辉

校友简介

施华辉，2006 年 7 月毕业于嘉兴高级中学，后进入东北师范

大学历史文化学院学习，2018 年毕业于东北师范大学，获历

史学博士学位，博士学位论文《英帝国历史书写的形成》被评

施华辉博士在杭州余杭仓前老街考察

为"2018年吉林省优秀博士学位论文"。2018年6月进入杭州师范大学从事教学科研工作。主授课程有世界现代史、世界当代史、世界文明史等,主要研究方向是史学理论及西方史学史、英国史。现已在《史学史研究》《历史教学问题》《世界历史评论》《英国研究》等刊物上发表论文数篇。

　　常有人说,回忆是老年人的专利。一旦年华渐逝,人们就会回过头来,审视曾经走过的道路,并试图将路上零落的记忆碎片拼接完整,或为碌碌无为寻求辩护,或为功成名就提供理由。这就像本雅明笔下"历史天使"的境遇。历史天使脸朝着过去,努力想把破碎的世界修补完整。然而拼接而成的"图景"中总有不和谐的板块,天堂袭来的风暴猛烈地摧折着历史天使的翅膀,"以至他再也无法把它们收拢"。这无疑提醒着人们,任何唤醒多段回忆并将其连缀在一起的努力都极为困难,难免失败。

　　距离我从嘉高毕业已过去了15年。回望3年高中生涯,重新赋予这段过往以鲜活的面貌,就如同历史天使努力地拾掇人生路上的碎片,而赋予其意义则需要历史叙事的帮助。换言之,唯有借助历史学的方法,才能将线索旁逸斜出的过往编织成能被理解和阐释的连贯故事。由此,记忆、历史和历史学就不可避免地纠缠在了一起,而要将它们条分缕析地梳理清晰是无比艰难的。

　　讲述嘉高与我的故事看来离不开历史学的手段,而手段的自身特点却也塑造了讲述的限度。众所周知，历史是过去发生的事，历史学是对过往的探究。在 2000 多年前的古希腊，希罗多德就说过，他之所以要把这些研究成果发表出来，是为了保存人类的功业，使之不致由于年深日久而被人们遗忘，为了使希腊人和异邦人的那些值得赞叹的丰功伟绩不致失去它们的光彩。铭记过往、避免遗忘是历史意识萌生时历史学最重要的目标。但与希罗多德大致处于同时代的修昔底德已体会到了达成历史学最重要目标的艰辛，他说道："不同的目击者对于同一个事件，有不同的说法，由于他们或者偏袒这一边，或者偏袒那一边，或者由于记忆的不完全。"为此，他只能放弃追溯悠远的过去，而将自己的视野限定在"所见世"和"所闻世"，对"传闻世"不敢着墨过多，并强调"不要偶然听到一个故事就写下来，甚至也不单凭我自己的一般印象作为根据；我所描述的事件，不是我亲自看见的，就是我从那些亲自看见这些事情的人那里听到后，经过我自己考核过了的"。总之，2000 多年以来，相似论调反复提示着我们，如何讲述过去以及所讲述的过去何以可靠是论辩已久的难题，历史与历史学、过往与现实之间自始至终都存在着紧张关系。那么进入 15 年前身处嘉高教室的历史空间，重演其中发生的点点滴滴，不仅要富有探究精神，无疑更需要一定的想象力。

面对无法回避的困境，有的人孜孜不倦、满怀希望地想跨越过往与现实间无法弥合的裂谷，找到过去的本来面目，并想象着当无数个本来面目的过去汇集到一起后，当下时刻的意义和未来的方向就会清澈无比。当然更多的人将上述行径视为堂吉诃德大战风车般的劳而无功。其中，一些比较极端的人认为立足当下的人们在书写过往时无不借助戏剧化的模式和修辞手法。进而言之，一位俗世成功者所谱写的经历必然是披荆斩棘、凯歌前进的喜剧人生；一位颓丧的失败者所刻画的岁月又皆是沉疴遍地、险象环生的悲情之路。这都说明了一点，即使确实存在过去的本来面目，我们也无法知晓，就算我们知晓，它也无法被原原本本地表述出来。过往的形象和意义是后世赋予的，它呈现出来的清晰面貌自然也离不开基于当下处境出发的思考。至于其当时如何，我们不得而知。既然如此，那么我们还需要回忆，还需要书写过往吗？换言之，回忆和书写过往是否只具有为当下的我寻求辩护的作用？

记忆和历史其实会带来沉重的负担，尤其当它们成为论证此刻境遇的素材而被编织进宏大的叙事脉络时，历史的重负就表现得更为明显。为了宏大叙事的连贯与齐整，过往的碎片被重新打造成符合既定功能的部件，安置在归属于它的位置上。过去被串联成前后有序、走向明确的链条。当下的自己被塑造为过去的必然结果。反之，过去的所有仿佛都注定成就当下的自己。由此，在嘉高的学习时光，以及此后10多年岁月中种种选择和不期然的遭遇都被涂抹上了必然性的色彩。必然性一方面能方便地赋予事实以一定的价值，使事实能被轻松地归类于经验或教训的框架内，但另一方面则简化或束缚了生命的意义。据此，我很难在过去与现在间寻找到清晰的线索，唯能在碎片化的过往中找到偶然性的选择。时至今日，那些选择仿佛有了人生界标的作用，但它们的意义是只有放置在当时的境遇中才能被理解的。

在高一整整一年里，我并未感觉到高中生活相比以往有任何特殊，自打上小学以来，上下课的铃声就是时间的节奏，周而复始地循环着，在学校中，大脑的运转频率跟随着课程的变换而变换。在这段时间里，我的学习成绩在班里不是最突出的，但也正因为此，"跃升无望"的我反而没有太多来自成绩排名的压力，对于学习也没有明确的规定，"得过且过"的态度让我心安于涉猎课本以外的书本。另外，由于我选择走读，无须参加晚自习，所以回到家中关上房门，完成作业后就有了片刻独享书籍的时间；在我看来，无功利的心态、空闲的氛围向来是叩问内心、认识自我的最基础保证，对阅读的兴趣恰是在这样的情境下不期然地培养起来。在那时，我从未想过今后会选择一个以阅读和思考为生的职业，种种偶然只是为人生提供了一种可能性。

在高二文理分班的节点上，我仍然对今后的走向缺乏展望和规划。理科和文科对于成绩平衡的我来说，似乎并没有太大的差别。唯一不同于以往的体验是，我有了选择的权利。在以往，前进的方向几乎都是既定的，但此刻仿佛来到了人生的岔口，而我拥有决定向何处去的权利。从权衡利弊的角度看，我最终的选择自然是"草率"的、"欠考虑"的，但在高考志愿中填报历史学专业，并选择从事历史学研究与教学工作，则都与那次"草率"的选择有关。这也提醒着我，所谓人生道路其实也只是由无数偶然的选择构成，或许也可以说，人生道路就类似花园中的分岔，我们都只是漫步其中的游客，漫不经心地拐弯或转身就可能发现另一个隐秘的空间。

回望在嘉高的时光，我看到的是一个个充满偶然性的瞬间和略显"草率"的选择，或许较为宽松的环境是使之成为可能的必要条件。那些瞬间和选择很难被整合到一个完整的故事中。它们指向不同的方向，也承载着不同的意义。就像海登·怀特在他的文章《历史的负担》里写的那样：加缪曾认为如果生活没有什么意义，它反而更值得去度过。而更合适的是，"如果生活的意义不止一种而是多种的话，它反而更值得去度过"。我想在嘉高的时光使我真切地意识到了生活中多样的意义、偶然的选择而非必然性的可贵，这更能卸下记忆和历史的重负，解放自我。

感谢嘉高给予可能性生长的空间！

嘉木扬长！

2021 年 1 月 7 日

感恩母校　感谢有你

■ 杨瑞杰

校友简介

杨瑞杰，2007 年 7 月毕业于嘉兴高级中学，2019 年 6 月获得东北财经大学经济学博士学位，研究方向为金融工程与风险管理，2019 年 8 月成为中国金融期货交易所与复旦大学联合培养博士后，现供职于中国金融期货交易所业务发展部，主要从事国债期货合约设计和交易机制构建。

杨瑞杰博士

人生三十而立，站在三十岁的关口蓦然回首，从嘉兴高级中学毕业已有十三载，回忆往昔，恰同学少年的书生意气，德高为师、身正为范的育人精神，编织着我对嘉高的美好回忆。

"江河之所以能冲开绝壁夺隘而出，是因其积聚了千里奔涌、万壑

103

归流的洪荒伟力"，爱生、协作、精业、善导的教风为我们搭建了厚积薄发的基础。在这里，每一个学生都会被认真对待，在班级里面成绩平平的我，得到了每一位老师的精心照料和教导，回想过去，这是我的莫大荣幸：和马忠老师探讨物理学的场景依然历历在目，相当程度上，这为我构建了适用至今的科学分析框架和理性思考体系；在高中阶段的关键岔道口，范侠老师的及时介入，纠正、扭转了原有轨迹，赋予了我今后宝贵的可能性；徐新泉校长带领所有任课老师用掌声鼓励我们进入高考考场的感人一幕，至今经常浮现在我眼前；那句"同学，这边的废纸我们捡一下啊"，常常回绕在耳边，时刻提醒我要做好身边每一件不起眼的事情，"不唯上，不唯书，只唯实"，成就事业需要从小事做起，从自己做起；那些散落在记忆中的瞬间交织在一起，让我慢慢领略了"爱校奉献、务实责任、科学创新、追求卓越"的嘉高精神，也隐隐指引着我的人生走向。

嘉高是一片肥沃的土壤，因材施教的理念在这里得以完美践行，在这里一颗颗不同信念的种子被播下，在这里我们疯狂汲取养分，只盼一朝升堂入室，成为国家栋梁。若干年后当我能够在国家一流的财经类院校从事我的博士学术研究，当我的学术成果得到业内人士的认同，当我在掌声中接过博士学位证书，我不会忘记高中那段青葱岁月里母校赐予我的洪荒之力。

十年树木，百年树人！教育的伟大之处不仅在于教书育人的活动，也在于它的不短视和长期性，在物欲横流的浮躁社会，真正用行动践行这一理念的母校——嘉高，不仅让我受益匪浅，更是令人肃然起敬。十多年前，当我们喊出"今天我以嘉高为荣，明天嘉高以我为荣"的话时似乎有点漫不经心；如今，"十年行路"让我在"知行合一"的孜孜以求中，对这句话有了深刻的感悟。从 2004 年那个知了声声的夏天我迈进嘉高的大门开始，人生就与嘉高实现了深度绑定，无论走在哪里我的身上都有一个不可磨灭的标签——嘉高人，都带有嘉高文化的印记，今天，我们唯有拼搏进步，才能回报母校的馈赠和成就。

母校——嘉高的求真教育的引领，我从研究性学习中默默走上科研之路。当褪去高中的青涩走进大学，五湖四海的年轻学子们相聚，不同文化碰撞交融，每个人都在寻找着自己人生计划的"最优解"，而我在对知识的渴求中，在秉承嘉高"文明、勤奋、求实、创新"的校风中，点燃了自己科研的星星之火，完成了校级优秀毕业论文《光波菲涅耳衍射效应的数值模拟》。随之，我的科研之门正式开启，不仅实现了由物理学到金融学完美的学术跨界，而且在金融这一经济学"皇冠"上找到了自己的科研方向，也由此取得了一些成果：与导师合作在金融领域顶级期刊《金融研究》上发表了《是谁影响了股价下行风险：有形信息 VS 无形信息》一文；独作《行业博弈、信息优势与股价暴跌风险》发表在管理学领域的权威期刊《经济管理》上；还有文章先后在《证券市场导报》《金融经济学研究》《金融发展研究》等金融领域重要期刊刊出；此外，也承担了一系列重要课题的研究工作，如主持了博士后科学基金面上项目，参与了三项国家自然科学基金研究成果结项报告。不忘初心，方得始终，每每自省如果觉得过去尚有可取之处，我常感叹嘉高像是无形的手，是我做出人生抉择的"关键变量"。

"四十载惊涛拍岸，九万里风鹏正举"，正值改革开放四十周年之际，我们的国家正在扶摇直上，嘉高作为一个教育界的新星也与国家发展同呼吸、共命运，"嘉木扬长，高德归真"，祝福未来的每一个嘉高人，德正才优，卓越发展！

2020 年 12 月 15 日

践行联合国 2030 可持续
发展目标的嘉高人

■ 李博灏

校友简介

　　李博灏，2007 年 7 月嘉兴高级中学毕业，2020 年英国剑桥大学博士毕业，现任英国剑桥大学可持续领导力学院可持续加速器课程导师与咨询顾问；联合国贸易发展署创意经济部前咨询顾问；伦敦国际时尚展中国展区前策展人，并在英国文化协会

李博灏博士（右一）在英国议会大厦
和麦克·贝茨勋爵合影交流

与英国时装协会工作。

────────────────────────────

在嘉兴高级中学学习的时光，对我来说是弥足珍贵的，让我拥有了一个全新的环境为自己的人生努力奋斗，并为自己将来在学业与事业上的乘风破浪奠定了一个好的基础。

我出生在湖北荆州，父母是改革开放后武汉纺织大学第一届大学生。我成长于一个大学教师家庭，童年的大部分时光是在武汉纺织大学度过的。20世纪80年代末，国有企业人均月工资为60多元，我的父母因为做纺织服装生意，竟然赚了100多万元。记忆中我小时候喝的奶粉都是从国外进口的，衣服也都是名牌，这使得我对纺织服装的兴趣在很小的时候就已经很浓烈了。2000年后，我的母亲被嘉兴学院作为人才引进，担任艺术设计学院的副院长，我因此也来到嘉兴高级中学就读。

记忆中，我在嘉兴高级中学的学习生活是平静而勤奋努力的。我每天早晨吃着五芳斋食品上学，沿着京杭大运河放学回家，节假日和同学们在南湖烟雨楼玩耍。从高一开始班主任翟景梅老师对我们的要求就很严格，这对于青春期较为叛逆的我来说是十分幸运的，也使得我在语文和英语学习中打下了一个很好的基础。同时，母亲希望我能够在艺术设计方面有所成就，这也符合她对我从小的教育与期望，因此在高三面临高考之际，除了普通高考外，我也参加了浙江省艺术类联考，这得到了嘉兴高级中学领导和老师们的支持。令人满意的是，我在浙江省艺术联

李博灏博士在英国剑桥大学女王学院迎接英国女王陛下和女王学院新任院长穆罕默德·埃里安博士（穆罕默德·埃里安博士是第 32 次上海市市长国际企业家咨询会议的主旨演讲嘉宾）

考中拿到了 87 分的成绩（满分 100 分），同时浙江省高考英语我取得了 138 分（满分 150 分）的成绩，因此我选择报考在国际上很有声望的上海东华大学时装设计专业并如愿被录取，这也是我母亲硕士和博士阶段学习的大学。

离开嘉高后，我在学业和事业上一路披荆斩棘。我和施华洛世奇品牌合作的设计作品在上海世博会奥地利馆展出，同时在上海东华大学的学习时光中，我以年级第一的成绩毕业，并获得全额奖学金继续到意大

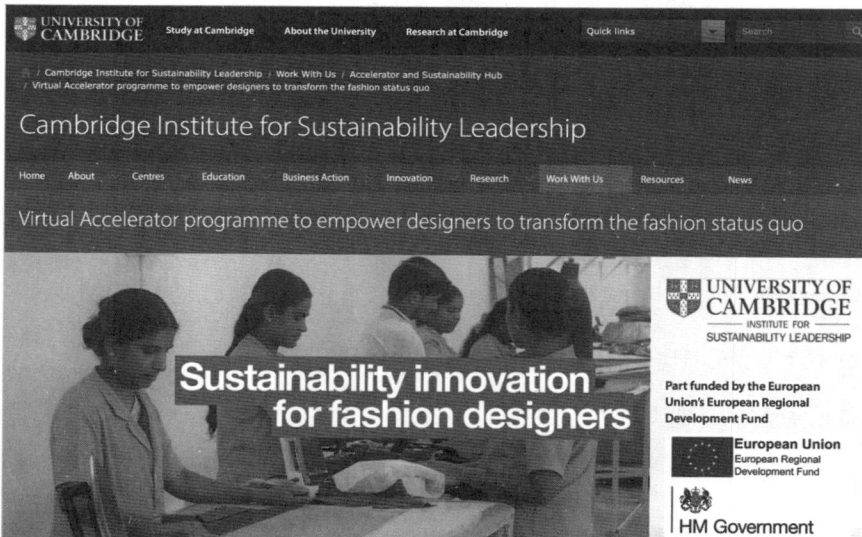

李博灏博士作为课程导师和咨询顾问参与的剑桥大学可持续领导力学院可持续时尚加速器课程

利米兰欧洲设计学院深造，之后我又来到英国伦敦艺术大学攻读时尚产业设计管理硕士学位。我的硕士研究课题是"关于中国时尚奢侈品行业数字化转型与消费者体验"。这在当时是具有前瞻性的，我在毕业时取得了优异成绩（Distinction），我也荣幸地被课程主管作为优秀学生代表与新一届的同学分享我的研究课题。我的硕士导师是英国剑桥大学的博士，当她了解到我希望继续攻读博士的意愿后，基于我在硕士学习期间的优异表现，她推荐我来到剑桥大学。

2015 年我成为剑桥大学女王学院成员并开始攻读我的博士学位。在第一年，我便获得了在瑞士日内瓦联合国贸易发展署创意经济部实习的机会，这一年也是联合国 2030 可持续发展目标公布以及巴黎气候协定签订的一年。在日内瓦实习的经历无疑是令人难忘的，我很快爱上了这座城市，至今我仍然记得我实习的最后一天是联合国成立 70 周年纪念日，各种庆祝活动在联合国欧洲总部开展。由于在实习期间表现优异，2016 年我和瑞士日内瓦联合国贸易发展署创意经济部签署了顾问咨询合同。那段时光是忙碌而快乐的，当时我作为剑桥中国高峰论坛的发起人，一边忙着组织活动邀请活动嘉宾，同时还要兼顾联合国的工作。这期间我们和上海市政府、迪拜市政府、澳门市政府开展了一系列项目合作，我更深入地了解了联合国的使命以及联合国 2030 可持续发展目标的意义。我参与撰写的报告《创意经济展望——创意产业国际贸易趋势（2002—2015 年）和国家概况》得到了中国媒体的广泛报道与关注，我也是该报告唯一一位来自中国内地的贡献者。

2020 年是不平凡的一年，新冠肺炎疫情、气候变化等全球性的挑战迫使我们重新思考我们的未来。在这一年，基于我的博士论文《国家创新设计系统的演化：追赶视角》，我获得了博士学位，我也是中国第一位在剑桥大学取得博士学位的时装设计师。也是在这一年，我有幸和剑桥大学可持续领导力学院开展合作，作为导师和咨询顾问参与他们可持续加速器的一系列课程和活动。剑桥大学可持续领导力学院的名誉赞助人是英国威尔士亲王殿下，2020年初，他在时隔30年后受世界经济论坛的邀请在瑞士日内瓦启动"Sustainable Markets Initiative"，呼吁全球经济系统性变革以应对各种全球性挑战，我们在剑桥大学可持续领导力学院的一系列活动很好地呼应了他的倡议。

李博灏博士（右图右一）和剑桥大学可持续领导力学院院长波莉·葛提斯（Dame Polly Courtice)合影（剑桥大学可持续领导力学院的名誉赞助人是英国威尔士亲王殿下）

　　我的课程得到剑桥大学可持续领导力学院院长波莉·葛提斯 (Dame Polly Courtice) 、联合国可持续时尚联盟秘书长 Michael Stanley-Jones 以及英国驻华使馆的大力支持，在学员中取得了很好的反响，同时也很好地呼应了上海设计之都十周年庆祝活动等。值得一提的是，自上海市 2010 年加入联合国教科文组织创意城市网络设计之都之后，作为上海市推进设计之都建设的重要平台，上海国际创意城市设计创新论坛至今一共举办六届，其中三届的主旨演讲嘉宾都是我的同事， 他们分别是联合国贸易发展署创意经济部主任卡洛琳娜·奎塔娜，英国剑桥大学设计创新研究中心主任 Dr. James Moultrie 以及英国剑桥大学可持续领导力学院可持续加速器项目主任 Mrs. Eithne George。通过将这些重量级嘉宾引荐给上海市政府，我希望可以促进中英在文化及可持续发展之间的交流与互动。 2021 年是联合国创意经济促进可持续发展年，联合国气候变化峰会也会在英国格拉斯哥举办，我希望尽我所能为促进 2030 年联合国可持续发展目标的实施贡献属于自己的一份力量。

　　回顾我这些年在联合国日内瓦总部、剑桥、香港、纽约、芝加哥、伦敦、布鲁塞尔、米兰等地的学习和实践，在嘉兴高级中学学习的经历无疑是让我受益匪浅的；希望学弟学妹们能够基于自身成长环境、个人兴趣理性规划自己的人生和职业生涯，更好地展现嘉高人的风采。

2020 年 12 月 15 日

勤于学习，不负韶华

■ 朱海萍

校友简介

朱海萍，2007 年 7 月嘉兴高级
中学毕业；2020 年获英国牛津
布鲁克斯大学管理学博士，现任
职于嘉兴学院。在国外核心期
刊（SSCI）及本领域国际会议
上发表文章多篇，有海外工作和
教学经验，持有英国教师资格证
书，是英国高等教育协会副研究
员。曾就职于 Santander Bank,
Salvatore Ferragamo 等知名跨国企业，主要负责欧洲区域的
营销管理等工作，具备扎实的理论功底和丰富的实践经验。

朱海萍博士

今日提笔的时候，突然发现今年离高中毕业已经十余年了，时间过

得好快，依稀记得高中生活的点点滴滴，好像还是昨天的事情。离开了母校，才发现对母校的留恋是如此深沉，留恋同学间的欢声笑语，留恋老师的谆谆教导，留恋高中勤于学习、不负韶华的青春岁月。虽然已毕业好久，但高中的很多往事就像照片，定格在那个时段，让人挥之不去……

在嘉高，我印象最深的是，每当早上我走进校门的时候，总能看到徐新泉校长站在学校门口，不管是刮风下雨、天寒地冻，还是烈日炎炎，徐校长总是坚持在校门口迎接同学们走入校园，走进教室。人们常说"什么样的将，就带出什么样的兵"，同样，一个好校长，就是一所好学校，有什么样的教师，就会带出什么样的学生。我很感激能成为众多同龄人中的幸运儿，成为一名嘉高学子，因为嘉高正如徐新泉校长说的那样："让嘉高每一位学生都能在校园内享受成功的乐趣，让嘉高每一个学生的特长在校园得到最大的发展。"

回顾我的高中生活，每个老师都带给我太多不一样的影响，是他们的鼓励、他们的激励、他们的一言一行塑造了很多我后天的性格、人格。老师的鼓励可以对一个学生以后的道路产生非常大的影响，我自身的成长可以算是一个典型的例子。在嘉高读书的时候，英语老师给予我很多鼓励和帮助，通过老师的细心栽培，我对英语产生了浓厚的兴趣，并且取得了优异的成绩；我也很喜欢英语会话这一环节，让我提高了口语表达能力以及思维能力，日常对话我可以很流利地进行，这也使得我对英语产生了浓厚的兴趣，正是在嘉高打下良好的英语基础，语言方面没有给我的留学带来阻碍，我可以把更多的时间用在专业课的学习和科研上。我也利用自己的英语优势，不断提升自我。在英国读博期间，我参加了很多学术交流会议，在众多会议上进行演讲。读博的同时，我也在本校做兼职老师，而我的学生大部分是英国的本土大学生，正是良好的英语基础才让我在讲台上有底气、有自信。在博士毕业前夕，我也通过努力学习和积累的教学经验，考出了英国高校教师资格证并且有幸成为英国高等教育协会副研究员。我始终铭记嘉高的校训：真，要求自己务实求真，不断努力超越。高中毕业虽已多年，但仔细回想，在校园精神文明建设上，"嘉高"致力以"真"为内核，在继承优良传统文化中培养师生的现代文明，使学生在观念上、心理上、行为上都得到积极的影响，这无疑使广大学生深深受益，也使得我在国外留学的时候，能保持乐观积极的心态，迎接学习、生活中的每一次挑战，越过一个又一个障碍，冲破一个又一个难关，朝着自己的目标理想砥砺奋进。

嘉高始终坚持"以人为本，善待师生，让每一个嘉高人走向发展、走向成功"。高中时代，嘉高创设"嘉木扬长"环境，尽力让每个嘉高人都能找到成功者的感觉，让每个人的特长、个性都能得到张扬，让每个人都有进步，将"嘉木扬长，高德归真"理念付诸实践。正如习近平总书记强调要"善于学习、善于实践"。学习与实践相结合，学习是实践的前提，实践是学习的目的，相互促进，互为补充，这就要求我们必须在学习中实现能力的转化，在学习中培养实践能力，在实践中提升学习能力。在读博的时候，我不仅注重自己专业理论的知识积累，同时积极参加社会活动培养自己的实践能力，先后在国际银行、跨国公司工作三年多，主要从事营销策划与管理等工作，理论与实践相结合，并通过实践的锻炼，使自己具备扎实的理论功底和丰富的实践经验，为其他国内外多家跨国公司进行过人力资源管理方面的咨询与培训。我特别感谢我的母校，嘉高三年，是我人生最重要的三年，母校的校风塑造了我的人生主干，老师们的教诲不但给了我知识，更给了我学习和掌握知识的本领，这是我最宝贵的财富，在这里我确立了人生观，培养了良好的心态。如今的我，也成了一名高校教师，但我会谨记母校嘉高的教风"爱生，协作，精业，善导"，忠诚于党的教育事业，坚持立德树人，把为党育人、为国育才的要求贯穿教育教学全过程。恪守教书育人职责，坚持以生为本，突出"人文关怀"，加强学生"三自教育"，尊重信任学生，注重学生综合素质的培养，促进学生健康成长成才。同时，努力提升自身的专业素养和教学能力。因材施教，激发学生的学习热情；用幽默激发学生的学习兴趣；用智慧培育创新精神，不断提高教育教学质

朱海萍博士在欧洲高等教育营销研讨会上演讲

量；用心做好课堂教学、实训指导与学生培养工作，尤其重视对学生学科竞赛与科研训练方面的指导，推动学生开发想象、探究未知、积极创新。今后，我将不懈努力，坚守立德树人使命，争做"四有"好老师。

我将努力发扬"爱校奉献、务实责任、科学创新、追求卓越"的嘉高精神，努力学习，健康成长。我想对嘉高的学弟学妹们说，我们无法选择我们的出身，但可以选择我们的未来，未来有知识、有能力你才有更多选择权，才能走得更远。我们处在伟大的变革时代，时代赋予我们更多的社会责任，既要看到小我，也要看到大我。让我们拥有更多的社会责任感，坚持以习近平新时代中国特色社会主义思想为指导，把国家、人民、民族装在心中，注重养成健康、乐观、向上的品格；让我们只争朝夕，不负韶华，努力学习科学文化知识，自觉养成乐于学习、勤于学习、善于学习的良好习惯；敢于面对各种困难和挫折，自觉培养不畏艰难、顽强奋进的意志品质；修身立德、志存高远，勤学上进、立志成才，做社会主义现代化事业的坚定接班人。

2020 年 12 月 12 日

求真求知，探索不止

■ 沈 波

校友简介

沈波，2008 年 7 月于嘉兴高级中学毕业，考入上海交通大学物理系。2012 年本科毕业后直博北京大学心理学系（现心理与认知科学学院），于 2018 年获理学博士学位。2019 年赴美国纽约大学医学院从事博士后研究工作，主要研究方向为神经科学、心理学和经济学的前沿交叉学科——神经经济学

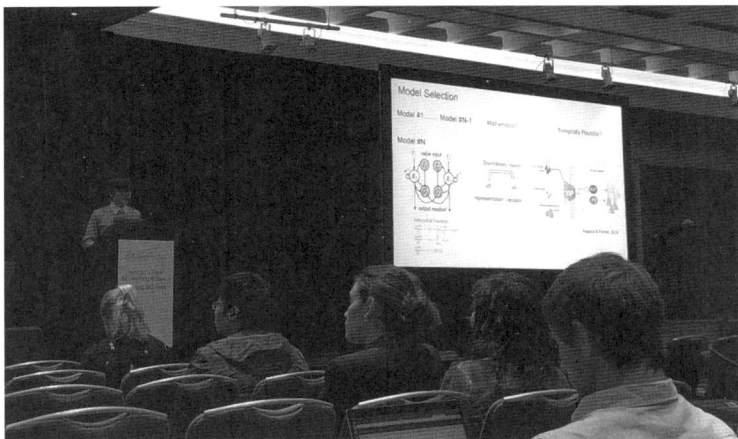

沈波博士（发言者）在爱尔兰都柏林神经经济学 2019 年会上做学术报告

（Neuroeconomics），探讨人类大脑在经济决策、社会决策中的作用机理。目前已发表国际期刊论文（SCI/SSCI）5篇。

对世界充满好奇，对生活充满热爱，这是我的学习动力和求索的动机。

现在的我，在纽约繁华的曼哈顿半岛，仍然像高中时候一样，日复一日地工作、学习、生活。在这里，我是纽约大学的一名博士后。博士毕业从北京来到纽约并不太久，学术生涯还有很长的路要走，未来还充满诸多不确定性。这条路能否成功？这一生能有多大的成就？这些问题也偶尔会叩问我的心扉，给我带来沉重的焦虑感和危机感。而冷静的时候想想，这些问题，似乎不应该我自己来操心回答。从踏出嘉高的校门开始，我正式迈开了探索世界的脚步，从上海到北京再到纽约，其间访问过很多国家和城市。目前所在的这座城市，汇聚着大批顶尖学者，身边有优秀的同事和同学，家门口吃不完的餐馆，岛上逛不完的艺术展览。我在这里思考着专业领域的学术问题，感受着思想和文化的冲撞，汲取着对生活的热情。

回看来时路，能拥有自己现在的境遇，不得不感谢我的高中。嘉高是我人生中至关重要的起点，是这关键中的关键，是我自己学习的动力和求索的动机。接到徐新泉老校长关于"求真与笃行——嘉高的博士校友们"征文邀请，我感到万分荣幸。我没有什么事业上的成就可以分享，谨借此文分享我从高中一直到博士后的心路历程，谈谈我自己这些年前行的动力和求索的动机，希望能对学弟学妹们有一定的启发。

时间回到 2005 年，我在秀洲区农村的初中参加第一次决定自己命运的考试——中考。很感谢淳朴的老师和当初努力的自己，我得以踏进让我心潮澎湃的校园——嘉高。之后就是三年的埋头苦学，无问西东。印象中粉红色瓷砖墙面的教室走廊，在冬天的阳光下熠熠生辉，从一楼，搬到三楼，再到五楼。三年的生活，就像是一场竞技。除了偶尔用 MP3 听听喜欢的歌，在周末去校图书馆看看课外书，似乎留下的尽是努力努力还是努力的印象。日复一日，三点一线，都是为了最终的那场考试。现在回想起来，当时还是孩子的自己心态之好，恐怕现在的我反而无法做到。如果是现在的我回到从前，我一定会忍不住去想：我学这些究竟有什么用？当我感觉疲惫，想要休息，想要玩耍时，我一定会问：为什么还要坚持？这样做到底值不值得？

高中时期的我很傻，傻到完全不会想这些问题。为什么要学习？当时只是觉得学好了家人好像会很开心。而我爱我的家人，看到劳作的父母脸上欣慰的表情，自己吃再多的苦也不算什么。于是就努力学习，没有抱怨，没有回避，没有质疑，较着一股劲努力。

这样的学习动机在我进大学以后出了波折。2008 年，在嘉高的栽培下，我有幸考取了上海交通大学物理系。在入学前，我和我的家人都无比兴奋。但进大学之后，情况急转直下。在大一的上半学期，我经历了人生中第一次不及格。我的自信心受到强烈的打击，开始产生深深的自我怀疑。这种感觉一直延续到大学毕业——大学的功课真的比高中难一万倍。渐渐地发现了自己各方面的局限：感觉自己的智商在同学中垫底；当学习不再是自己的特长的时候，毫无特长的我在社交活动中显得暗淡无光；甚至兴趣爱好和品味，跟大城市的孩子相比都显得土里土气。高中时期通过考试排名获得的成就感在大学里已经荡然无存。而当时的父母，已经完全不了解我的学习和生活。对他们而言，孩子考上不错的大学，他们就已经尽到了做父母的职责，结束了他们的战斗早早收场了。不管我怎么努力提高学积分，怎么努力拓展自己的社交，或者告诉他们我获奖的消息……无论我多么努力，做得多好，这些都已经无法换来父母脸上欣慰的笑容。我终于清醒过来，是到了该自己走路的时候了。

在大三的时候，这些积累的问题爆发，我开始追问人生的意义。有段时间每天有气无力，做什么都打不起精神，觉得做什么都没有意义，觉得任何努力都是白费力气。我开始四处求索。当时只是觉得这个问题应该跟考试题一样，会有一个参考答案。跟同学讨论，有人说从来没想过这个问题，也有人说以前跟我一样问过，现在不问了。问一些老师，作为教授的他们，有人也会说，从来没想过这个问题。没有人愿意给出一个直接的回答，更确切地说，都倾向于回避直面这个问题。我才意识到，原来这不是考试题，这个问题的答案深不见底，或者另一种更可怕的可能，这个问题没有答案。

当时每当我抑郁时，我都会花很多时间一个人四处游逛。而这个问题得到暂时的解答，是在我大四的寒假。我独自一人游逛到广州番禺的迎春花市，静静地注视男女老幼在棉花糖一般的节日氛围里喜笑颜开。各色的鲜花，金色的年橘，彩色的气球和风车。我想我当时是真的喜欢这些人和事，喜欢到我愿意把这些美好作为最终的意义。我愿意为这些美好而付出而奋斗，即便它是眼前的这些陌生人，即便它是永远不会见面的陌生人。我这样告诉自己：不管你眼前能不能看到，不管你现在的生活多么痛苦阴暗，这些你喜欢的美好却一直"在那里"。而你，要为这些美好而奋斗。

这种想法在一定程度上很实用，在后来的几年中消除了我的虚空感。后来我把这些美好总结为三方面，套用老话可以叫作"真""善""美"。"真"即真理和真知（不经意间回归了嘉高的校训）；"善"即善意，是人与人之间的和谐关系；"美"包括一切美，即人的审美所及的一切人或事物。我给自己搭建的这一套简陋朴素的价值观，陪伴我走过了很多年，其间为我提供源源不断的动力。直到现在，这套价值观仍然保持着它一定的效力。

大学毕业后，我直博到了北京大学。因为本科学校的优势竞争力，我省去了艰苦的考研过程，这仍然要感谢嘉高为我奠定的基础。从本科学物理转到博士学心理，不可不说是我在职业生涯之初做出的极为冒进的选择。好在后来发现这是一个令我自己满意的选择。从物理没有血肉的公式和方程里走出来，把这些学到的量化科学的方法，用到对人类本身心智的研究中，这令我兴奋不已。博士期间沿着实验室的研究主线，关注人类的社会情绪和决策行为；同时也涉猎其他方向，人类的注意和执行控制及人类的语言：一个个鲜活的科学问题，让我陶醉其中。攻读博士，会有成果产出、论文发表的压力，也会有一些问题久久找不到出路时的痛苦、压抑和迷茫，但总的来说，能每天解决有趣的科学问题，每天都有不一样的新鲜感，还是感觉非常幸运和幸福的。心理学的训练培养了我一定的人文社科思维模式，结合本科养成的理工科思维模式，使得现在的我在看问题想办法的时候，时常会出现一些从未有过的新奇思路。不敢说这多大程度上能帮我事业成功，但不可否认的是，我因此多了一些对这个世界有趣的解读。这对我保持生活的热情，维持我求索的动力，至关重要。

博士毕业，在美国费城的一个国际会议上，我有幸遇到我现在的合作导师，成为他实验室的一分子。现在的我，虽然还是同样日复一日地往返于办公室和空间狭窄的出租房，但每天能做自己感兴趣的课题，空下来能在这个五彩缤纷的城市四处闲逛，接触这些我愿为之奋斗的"美好"，我感到莫大的幸福。简单重复是生活的本来面貌，当你觉得它枯燥乏味的时候，真知却不知不觉地在这样不断重复里慢慢积累，点点滴滴，聚沙成塔。一边把自己的学术事业缓步推进，一边努力收集生活中的小美好，这些就是我求索的动机和前进的动力。而与此同时，我对生命的价值和意义的追问并没有停止。博士的训练让我可以开始阅读一些以前无法理解的书籍，涉猎哲学、心理学、神经科学、社会学等方方面面的思想和观点。我很乐于把闲暇的时间投入于对生命的不断感知、不断探索、不断思考中。我还在路上。

最后，感谢我亲爱的母校——嘉高，感谢当年为我们辛勤付出的老师，感谢我的同学，你们都成了我的一部分。

对于学弟学妹们，我想说，书本里可能没有你想要的答案，但是读书可以带你去探索世界，寻找你想要的答案。

2021 年 1 月 9 日

不忘初心，静待花开

——我的成长之路

■ 张晓勤

校友简介

张晓勤，2008 年 7 月嘉兴高级中学毕业，2018 年 6 月复旦大学博士毕业，2019 年 8 月至今嘉兴学院医学院专任教师。

时光荏苒，一转眼离开母校已有十二年，我也成了一名高校青年教师，肩负着培育高等专业人才的任务，这就像是母校使命的延续，我感到既光荣又责任重大。回忆在母校——嘉高时的点点滴滴，仿佛历历在目：在您温馨的抚爱中，教会我更深奥的知识；在您缕缕温暖中，培养我成长成熟。铭记母校的"真"，让我在纷杂的尘世中牢记做人的品性，追求纯真的梦想。

求"真"的嘉高

我们的嘉高，虽然很年轻，但是始终勤勤恳恳地培养着一届又一届的学子。我们的"母校"，不仅仅在于那简单的几面高墙、几栋校舍、庞大的师资力量——这一切有形的财富，更在于她如母亲般的胸怀，始终在接纳、包容我们的缺点，更在于她像母亲一样的温婉，始终向我们传递着温暖和关怀，更在于她有同母亲一般的辛劳，始终保持一种精神，

张晓勤博士在做科学实验

执着开垦我们这一块块形状各异、养料不足的土地，直到他们整齐、肥沃。她之所以堪称"母校"，更在于她带给千千万万学子的无形的财富。感谢母校，陪我成长；感谢母校，助我飞翔。

依旧清晰地记得在填报中考志愿时，我满怀希望地写下嘉高及其代码的情景。炎炎夏日，当收到录取通知书的那一刻，是激动，也是感动。至今，我还能清晰地记得刚踏入嘉高时的情景：异样激动的心情，充满新鲜感的校园，矗立的校名字符，还有那块镌刻着"真"字校训的

文化石……于是，我默默地在心底下定决心，今后的三年，我将在这里抱着梦想，期待实现更高的目标。三年的学习，让我更加深刻地领会了"做真人，干真事，明真理"的追求，求真、勤奋、务实、认真就是当时嘉高的主旋律。

记忆中嘉高的校风很好。协作、团结、友爱、善良是嘉高人的特性，学习之余，同学们乐于参加各种集体活动。当年我所在的九班，女生很少，但是我们很团结，在各种文艺比赛、体育比赛、运动会中，总有我们的身影。男生、女生积极踊跃，有做先头部队的，也有做好后勤保障的，我们总会收获累累硕果。同学之间的相互鼓励，不仅体现在比赛场上，更多的是在学习中，特别是对于学习中的知识难点，总会获得同学的热心指导与帮助。

现在回味起嘉高精神"爱校奉献、务实责任、科学创新、追求卓越"，也时常会涌现出一件件小事，小事虽小，但也渗透了嘉高精神。

在嘉高，很有幸遇到了我们的班主任杨丽娟老师，在她的引导下，让我有了愈加坚定的信念和目标。杨老师不仅给学生传授知识，更时时注意自己的言行，通过言传身教来影响学生，是一位品德高尚、心理健康、举止文明的好老师。或许是在杨老师潜移默化的影响下，做一名人民教师已经在我心中悄悄扎根。杨老师时刻都在关心着班级里的每一位同学，作为一位有爱的老师，杨老师从不觉得苦，在教师这个岗位上，付出很多。杨老师教学有方，师德高尚，毕业多年后的我们，依旧感谢老师当年的付出，她也是我学习的榜样。"爱生、协作、精业、善导"就是嘉高老师的写照。我最最不能忘却的就是那一个个辛苦劳累的身影，我们所敬爱的老师们！是他们耗费着自己的心血，用尽全力培植我们这一棵棵小树，装饰着我们这一片片天空。一路走来，因为他们，你我的小树茁壮成长；因为他们，你我的天空蔚蓝而广大；因为他们，你我的梦想插上了翅膀，有了飞翔的可能！付出了，牺牲了，他们却也日渐地累了，累得瘦了，累得老了。而我们也终于明白了：青山原不老，为雪白头；绿水本无忧，因风皱面！

其实在高中阶段，我属于那种默默无闻型的内敛学生。有一段时间，我的成绩一度徘徊在年级的一二百名，一直没有明显的进步，父母也替我着急，但是有关心我的老师，有帮助我的同学，我觉得所有困难都是可以克服的。我在不断地调整心态，逐渐稳定，慢慢进步，决不放弃，并对未来抱着乐观的态度，以持之以恒之心来面对重重困境。在嘉高三年的学习生活，让我学到的不只是知识，还有做人的道理。现在，我刚踏上工作岗位不久，回忆当时求学的日子，倍感温馨。如果说三年里每个校友心中经历过的值得记住的故事像是一棵棵形态各异的树，那么毫无疑问，嘉高就是一片沃土，让当年的树苗茁壮成长。

嘉高校园不大，但是设施完善齐全，虽然比不上当下学校的"高大上"，然而我们都快乐地过来了，因为作为嘉高人，我们都有着那股"真"精神：我们渴望成功，为了目标我们可以克服一切困难，我们不愿看到深爱着我们的父母因为我们而伤心失望。

与母校朝夕相处的日子是过去了，但是记忆的深处永远无法抹去：嘉高的一草一木，因为那里挥洒过我们青春的汗水；嘉高的教室实验室，因为那里留下了我们奋笔疾书探索思考的身影；嘉高的跑道赛场，因为那里珍藏着我们拼搏团结的记忆。

感受西北，重回"嘉"园

高考之后，我来到了位于祖国大西北的兰州大学。大学四年，我铭记嘉高带给我的"真"的校训，踏实、努力地学习着本专业的知识。远离家乡，来到遥远而陌生的城市，从刚入学的孤独、寂寞，到后来的充实、满足，大学让我体会到了不一样的生活方式，领略了另一地的风土人情，掌握了更多更深的文化知识。大学的学习更需要自主性，从开始的不适应，到慢慢积极主动地参加各种活动，从知识竞赛到体育竞赛，从实习实践到创新创业，大学的生活充满挑战和收获，也逐渐开启了我对于科研的认识和兴趣。大三的暑假，我申请到了几个大学或科研院所的夏令营营员资格，边参观学习，边了解各种先进而神秘的研究方向，这令我大开眼界，瞬间又多了几分坚定科研的想法。特别是当我了解到蛋白质组学的研究与前沿应用的时候，我便报考了从事此研究的导师，我也有幸获得了免试的资格，从而进入了复旦大学，开启了我的科研之路。

从西北归来，我在上海开始了我的研究生生涯。此时，我更加深刻体会到了嘉高的校风"文明，勤奋，求实，创新"的内涵，这既是对科研探索最基本的要求，也是对科研精神最朴实而高尚的赞扬。六年的研究生时光，总会被实验不顺、文章被拒、毕业遥遥无期所打击，但是坚持不懈和潜行深思是最终到达成功彼岸的唯一通道。只有经受住了重重磨难，才更能体会到收获时的幸福。此时，又仿佛回到了高中时光，同样需要一颗不浮躁、沉得下来的心；也有一帮实验室的兄弟姐妹互帮互助，协力攻克实验中的一道道难关。每当想起这样的时光，总是会很欣慰，不懈的努力，有回报，有收获，既单纯又满足。

回首这十几年的求学生涯，我心中充满了感激。在这十几年当中，母校给了我信念，让我自信；给了我坚强，让我不屈；给了我热情，让我温暖。

现如今，我也站上了讲台，成为一名高校青年教师，希望能将我的所学所会尽心地教给我的学生。而此时，我也时常想起杨老师当年的教诲，我会以杨老师为榜样，将对工作的热情通过知识的传播带给我的学生，让他们有更深的认识，带他们步入专业知识的海洋，带他们感受科研的魅力，带他们选择更准确的未来之路。但是，作为一名非师范毕业的年轻教师，总还有很多不足和稚嫩的地方需要学习和改进。我也会继续向身边的优秀老师学习，学习他们的授课方式，学习他们的教学理念，学习他们的改革创新。同时，我也将寻找机会多参与到提高教学有关的培训中，只有不断加强对自我的提升，才能更好地为"传道授业解惑"而贡献一份力量。

当然，还有我不能割舍的科学研究。这些年来，我在基于质谱的棕榈酰化修饰蛋白质定性与定量新方法的开发方面，发展了一种基于新型功能化磁性纳米材料微球选择性富集棕榈酰化修饰肽段/蛋白质的方法；找到了一种基于稳定同位素半胱氨酸代谢标记准确定量棕榈酰化修饰蛋白质组的新方法，实现了棕榈酰化修饰蛋白质组的灵敏分析和准确定量。目前我专注于对蛋白质组学方法学和疾病蛋白质组学及其在药物分析相关方面的研究。我主持了浙江省自然科学基金资助项目 1 项，嘉兴市公益性研究计划项目 1 项，并参与了国家自然科学基金项目 2 项，上海市科研项目 2 项，近年来已在国内外学术刊物上发表 SCI 论文 7 篇。只有不断追随先进的科学知识提升自己，才能更好地促进教学工作的开展。所以，我将继续积极地申报各类科学研究项目，一如既往地投身于科学研究中，寻找新的发现与发展。遵循嘉高教会我们的"爱生，协作，精业，善导"，服务于教学；秉承"真"的理念，不断地勇于探索发现。

　　所有的这一切都是来之不易的，所以，我要好好珍惜。同时，我亦深知，站在高校的讲坛上，作为一名青年教师肩上所担负的责任。那就是继承母校优良传统，秉承"嘉木扬长，高德归真"的教育理念和"爱校奉献、务实责任、科学创新、追求卓越"的精神，与母校同呼吸，共命运，以昂扬的姿态为昔日的岁月留下闪亮的足迹，用辉煌的成就谱写嘉高人的新华章。唯有此，才不枉嘉高对我的悉心栽培！

2020 年 11 月 25 日

起 航

■ 王林林

校友简介

王林林，2008 年 7 月嘉兴高级中学毕业，获华东理工大学化学工程专业学士、硕士、博士学位，2019 年博士毕业。现就职于浙江新安化工集团股份有限公司，从事技术研发工作。

王林林博士

　　第一次来嘉高，是初中的时候参加一次市里举办的航模比赛。在镇上读初中没来过几次市里的我，顶着晕车的不适感，被车子直接拉进了校园里。那天在行政楼大厅的中间围了一个大概 2 米宽、10 米长的蓄水池，底下铺一张大三彩布，灌满水作为比赛的航道。比赛是将小船放在统一的起点，然后按照航行时间和航线的笔直程度来评分。我记得我的小船因为最后在航道中跑歪被扣分了。我第一次知道，原来除了 5 角一节的 707 牌电池，还有可充电的电池和可改装的小马达。那天航模手工制作比赛结束后，我书包里装着小船，缓步逛在这个还不知道名字的高中校园里。那时，我心想：这高中墙上的瓷砖竟然是淡粉色的，校门口的不锈钢雕塑好大啊，高中的课程应该很难吧？

当被嘉高录取的时候，我甚至不知道这所高中具体位置在哪儿。直到报名那天，把怀里揣着的学费上交后，我才赫然发现原来这就是我曾来过的高中。我真的成为一名嘉高的学生！因为我家在新塍镇农村，地方偏僻，来学校很不方便。学校规定我们两周回一次家，我一般都是周日的上午在家吃完中饭，到两个村外的乡村公交站倒两班公交车到大润发，然后走到学校。后来也骑过自行车、电动车往返。那时总觉得来去学校的路很长，握车把的手很冷，书包和行李很重；可如今回想，印象中更多的是那些年车窗外路两旁整齐挺拔的水杉树、放假回家时雀跃的心情和书包里装着的从家里带去的零食。而曾经这段"漫长"的上学路，也在我去过更远的地方后，在心中缩短了许多。

"高中时期的同窗情谊是最真诚无瑕的"，班主任杨丽娟老师说这句话的时候，她的金丝眼镜边缘反射着窗外散入的太阳光，而窗边的同学则有点想打瞌睡。我在嘉高认识了我可爱的高中同学们，我们会在傍晚的足球场上踢得满身大汗，然后勾着肩一起回教室；在周一升旗仪式上高唱国歌，整齐划一地做《时代在召唤》广播体操；也会在大扫除时趁机追逐打闹，在宿舍嬉戏说笑；而更多地，是一起端坐在教室里，认真听老师讲课，埋头努力学习，围坐在一起讨论。桌子上的课本，《教与学》《天利38套》以及其他印刷的试卷叠放成高高的一摞，就像是一个个充满安全感的碉堡。我常常在晚间教室自习时，抬起头环顾四周，看着周围这群熟悉的握笔疾书的同学。冬天教室的窗外北风呼啸，玻璃上大家呼出的热气凝结成一片水珠，整个教室都是暖烘烘的，略微缺氧的我甚至有点困顿。这感觉真的好极了。在嘉高学习的三年，就像是猛然推开了认识这个世界的窗户。窗外既有诗仙、诗圣、唐宋八大家，也有英语、洋流和天体，既有数列、几何、不等式，也有无机、有机、相对论。"那时我们什么都不怕"，遨游在知识的海洋中，曾经一度膨胀地认为自己掌握了世界运行的终极秘密。

那年我们的校服是湖蓝短袖，我喜欢学校食堂的咸菜包和红烧鸭腿，特别喜欢学校发的淡绿色的柔软被单，也自豪于比其他学校更早投入使用的背投电视、空调和新建的体育馆。我也像其他同学一样开始听MP3，躲被子里单曲循环周杰伦、林俊杰、F.I.R、Westlife的歌。每个在学校度过的单周周日下午，我会早早地守在信息楼二楼的机房外，等学校机房开放，靠着有时几十kb/s的网速，学习怎么上网冲浪。曾经也在做错事后，被老师找去谈话，然后哭着保证再也不犯。

高考的前一天晚上，蚊子在蚊帐外凶悍地聒噪，吵得人睡不着。我散步来到了校门口的雕塑旁，在花坛边缘坐下。夏日的暑气中，蛐蛐在草丛里断断续续鸣叫着，远方天空仿佛有低沉的雷声回响，气压低得让人异常憋闷。我喃喃自语道："只要你对这三年无愧于心，那无论什么样的结果，都可接受。"我回望着嘉高的教学楼，又坐了一会儿才回去睡觉……

今天，我已经博士毕业了，开始走上了科学研究的岗位，成为国家型大学生创新实验项目负责人，获上海市科技创新三等奖；致力研究课题为矿物浮选及湿法冶金方向，成功实现中低品位细粒锂云母的提锂及产业化；参与了 2 项国家自然科学基金课题，发表学术论文 7 篇，获得专利 2 个。

但是，我还是特别特别难以忘记高中时傍晚时分，在绿意盎然的香樟树底下校园广播中飘来王筝的《我们都是好孩子》："我们都是好孩子，最最天真的孩子，灿烂的，孤单的，变遥远的啊……"初听不知曲中意，再听已是曲中人。从嘉高毕业已经 10 多年了，如今也已走上工作岗位，翻开了人生新的篇章。我们这些嘉高的孩子，就像一艘艘被轻轻放在航道起航线上的小船，浪花轻荡，这一艘艘小船留下不同的轨迹，朝着各自的方向前进。但是回头看，却发现我们的港湾永远都在，那里有着我们的欢声笑语和青春记忆，那是我们生命中一段被称作少年的时光，那个地方是我们的高中——嘉兴高级中学！

2020 年 12 月 8 日

写给在嘉高的你

■ 金晓哲

校友简介

　　金晓哲，2009 年 7 月嘉兴高级中学毕业，2017 年毕业于英国诺丁汉大学材料与机械自动化学院，获得博士学位。博士期间，以第一作者身份在国际顶级学术期刊发表 4 篇学术论文。曾担任 *Wear*，*Tribology International* 等期刊审稿人。2017 年加入新加坡南洋理工大学与罗尔斯罗伊斯合作研究所，担任研究员。2019 年回国从事自动驾驶相关研发工作，现担任一汽自动驾驶开发部决策规划模块开发负责人。

　　从 2009 年嘉兴高级中学毕业到现在，已过去整整 11 个年头了。我的经历比较特殊，大学本科和博士的学习时光大多在英国度过；毕业后，又到新加坡工作过一段时间；后来回国工作，又从事了一个和我原本所学专业很不一样，并且充满挑战的工作；总之接触过不同的学习环境，体验过各样的文化，经历着工作方向的转变。在收到母校嘉高老校长徐新泉老师的邀请撰写此文时，我也开始思考，在嘉高学习的三年，为我后来的学业和工作提供了什么。我想，嘉高给我的最宝贵的东西，是可以解决困难问题的思维能力和遇到困难时能坚持下去的意志力。

回想还在嘉高学习的时候，老师和父母经常跟我讲，高考是进入大学的敲门砖。高中时候的学习，特别是无止境地练习解题，就是为了应付高考。那时的我也接受这样的说法，认为高中的学习主要是为了高考。但是现在回想起来，我意识到那时的努力带给我的远不只是那一场

金晓哲博士

考试的结果。通过这些年的学习和工作，我意识到，学习其实包含两方面：一方面是对知识（knowledge）的掌握，这是指某一领域认知层面的提升；另一方面，也是很多人没有意识到的，是对能力（skill）的训练。高中的学习，在知识掌握方面，相比大学之后的学习，其实并不困难。对于很多人来说，高中课本上的知识可能自己看书就能轻松掌握。高中三年，大量时间其实都用在练习解题上。这样的练习，不仅仅是为了让人通过考试，它更是对人思维能力的训练。在每一次苦思冥想，每一次推演、计算的过程中，解决难题的思维能力逐步得到提升。同时，这也是对一个人意志力的锻炼。多年以后，很多在工作中不再用到的知识可能会被遗忘，但是这三年训练得到的思维能力和意志力却能伴随一生。

去英国学习后，我深深地感受到，在嘉高三年高强度的训练带给我的优势。开始读博士后，我更是意识到思维能力和意志力在科学研究中的重要性。出国之前，经常听说国外注重素质教育，注重发散思维的培养。有些人甚至认为科学家的思维都是天马行空、充满想象的。然而，实际的科研工作最需要的其实并不是发散性的思维。对于学术研究来说，更重要的其实是能基于事实和数据进行的缜密的逻辑思考和严谨的数学推演，还有面对重重困难能一直坚持下去的意志力。创新，其实很多时候都是长时间严谨摸索后的灵光一闪。读博期间，我高效解决问题的思维能力和面对科研难题坚持不懈的意志力，也让我的博士生导师对我印象深刻。博士学习的 3 年半中，我以第一作者身份发表了 4 篇学术论文。其中一篇关于"如何通过数学建模，测量微动摩擦过程中的摩擦系数"的论文更是受到业内国际权威学者的高度评价。这部分成果得到我的博士论文审稿人的肯定，他们认为这是对这个研究领域的重要贡献。

2017 年，博士毕业后，我到了新加坡，加入南洋理工大学与罗尔斯罗伊斯合作研究所工作。在那里，我开始接触工业智能化的相关工作。在新加坡工作的那段时间，因为看到了人工智能领域在中国的高速发展，让我决定回国发展。回国后，我开始从事自动驾驶的研发工作。能进入这个前沿科技领域，既让我感到无比兴奋，又让我觉得颇具挑战。自动驾驶与我之前的研究领域有着很大的区别，我需要快速地学习很多全新的知识。刚回国工作的一年内，我每天除了需要在上班时间边学习边完成研发任务，下班后往往还需要看书，读论文，恶补相关基础知识。而一年以后，我已经可以游刃有余地在这个领域带领团队进行相关研发工作。这个过程中，高中时形成的思维能力和意志力无疑又帮了我。

讲了这么多经历，其实我就是想告诉看到此文、可能正在嘉高学习的你：你现在在嘉高每一天的勤奋和努力，其实都很值得。最后，感谢嘉高给我那宝贵的三年，使我留下永远"求真"的基因，愿母校——嘉兴高级中学越来越好。

2021 年 1 月 15 日

脚踏实地　追求卓越

■ 金明梁

校友简介

金明梁，2009 年 7 月嘉兴高级中学毕业后，进入中国药科大学生物工程专业学习，2019 年毕业于中国科学院（上海生化所），获理学博士学位。2020 年前往美国 UCSF 跟随程亦凡导

金明梁博士在美国做博士后研究

师进行博士后研究至今，主要研究方向是利用冷冻电镜技术解析蛋白质的三维结构。

嘉高与我，我可能写得更像是一本回忆录，都是随性而写。希望看到的，好的习之，坏的避之。时间过去太久，好多事情都不记得了，但是老师们和同学们在一起的时刻还能经常回忆起来。当时刚进入嘉高，记得最开始分班按照姓氏排的，类似暑假班，那会儿和室友玩得很开心，可能自己学得比较刻苦，有了"铁人"的外号，李豪同学取的，后来慢慢演变为"铁哥"，我相信这个外号和这个人的事，在那一阵子还是很多人知道的。然后就是分班考试了，很荣幸最后能进陆跃良老师的班级。我从嘉兴市二十一世纪外国语学校这样一个准军事化的学校考过来，还是很忐忑的，感觉与同学们差距巨大，但是内心仍然对自己充满信心，永远觉得自己可以，所以立志要赶上班上的同学。天道酬勤，第一次考试成绩是全年级四十，心头还是很乐呵的，记忆犹新，发现自己也没这么差，所以再接再厉；第二次好像是十四，因为四十和十四倒转了一下，所以更有信心了。后来在老师和自己的努力下，也可以拿下年级第一，至今还记得当时很开心，如果单看理科，我应该拿过很多个第一，自恋一波。综上，只是从成绩来说，努力终会有回报，只是可能没那么快，有时是两年、三年，有时甚至是十年以上。

高一自认为是最认真刻苦的一年，正因为当时感觉与别人有差距，所以一直有奋斗的目标，一直很努力。稀里糊涂地，我就被大家选为班长，其实我是当了三年"名誉班长"吧，好多事情都是副班长金吕婷同学帮忙的，现在有时还需要她帮忙。依然记得我干的真正的班长的事情，应该只是去见和蔼可亲可敬的徐新泉校长，每周一谈，具体不记得了，校长教了我很多做人的道理。

按学科讲吧，我就想到哪写到哪吧。高二开始好像开始学有机化学了，对于这个全新的领域，暑假的时候我自己硬是每天啃几页，不懂就先背下来，率先预习和自学。所谓笨鸟先飞是很有道理的，当你发现上有机课的时候，别人可能不懂，但是你却因为预习过，再加上老师的点拨，能够秒懂，那种心情妙不可言。年轻嘛，受到酷酷的、充满活力的许捷老师的认可，学习便有了无尽的动力。有个趣事，有时候许老师讲兴奋了，就讲得比以往快一点，因为许老师有时候穿的 T 恤背后是个快进键，所以我经常和同桌潘晓龙、毛云程打趣，看，许老师要按加速键了，望莫怪。我考研时候的其中一门课，就是有机化学，高中的时候，对于有机化学的更深一步理解，是许老师指点的，后来还拿了嘉兴化学竞赛一等奖，奖状现在都还在家里保存着。

物理一直是我感兴趣的，感觉很多题天然就会做，我也深得邹福根老师的喜爱。印象最深的就是，邹老师会在课上直接说金明梁可以不用听了，可以做其他作业，所以我在物理课上做着数学试卷。当然我肯定会碰到问题，用微积分解决物理问题，那会儿还是比较难的，记得和邹老师在办公室里探讨了很久，获益良多。其实后来没有学物理，还有些许后悔，本来想学核动力的，可惜母亲大人不允许，怕之后十年沾不到家的边；有时候吧，也得尊重家里的意见。物理也拿嘉兴竞赛奖了，嘚瑟一下。

英语，因为我来自嘉兴市二十一世纪外国语学校，所以一直很有信心，也很喜欢我的高中英语老师——阮亦簪老师和孙剑老师，她们既漂亮又教得好，让我进一步对英语产生了兴趣。所以，英语，也拿了竞赛奖！

生物，现在正在研究的。可以说，陈光瑞老师，是对我的学业选择影响最大的老师，也给了我很大的助力。记得陈光瑞老师说过一句话，只要把"基因导入细胞，就可以表达，出来的就是药物"。可能是我断章取义，但是这句话，让我当即睁大了双眼，看到了生物无穷的远景。陈老师虽然不是我的班主任，但是他对我的学业一直很关心，我记得我有一次考试，全年级排名急剧下降（原因很多，最主要的是，那一年是高二，是我很疯狂的一年），他便把我带到一个地方，跟我聊天，那个地方可以观望全校，同时全校也可以看见一个老师在"批评"一个学生，从那以后我动力倍增，算是醒悟。果然，下一次就考了全年级第一。生物，也拿了竞赛奖。

语文，是我的班主任陆跃良老师教的，班主任的课，必须好好学啊！高考也确实没有辜负陆老师，高考语文116分——当时看到这个成绩，立马给陆老师打去了电话，而不是因为高考总成绩。陆老师一直对我很好；陆老师特别包容，很多事情可能陆老（我微信现在备注还是陆老，不是我懒得写陆老师，而是我真的心里很尊敬陆老师）知道，嘿嘿，细雨润无声。可惜现在这笔墨太拙劣，都还给陆老师啦。本来我的梦想很小，讲个笑话，我依然记得，我有一阵子突然就失去了动力，和陆老师敞开心扉，我说："如果没有家人，我一个人的话，我就想去工地搬砖，回家老婆孩子…"是陆老师点醒我，我仍然记得陆老师当时对我的期望是考上上海交通大学，说我很容易考上，我当时也坚信。

数学，我想来还是很对不起几位数学老师，其中最重要的就是姚卫军老师，真的很对不起姚老师，真是一段很痛苦的回忆，所以差点忘记姚老师名字了。高考数学，五道大题，全错。我记得虽然我当时数学考完就知道五道大题全错了，但是仍很淡定地把接下来所有科目都考出了理想的成绩，所以说就算考差了，绝对不能影响下一门课。

体育，很荣幸，我进了篮球队，这件事对我的性格影响很大，我更容易交朋友和找到兄弟。记得很清楚，李利荣老师在我上体育课的时候，把我和毛云程——班里比较高的一位同学拎出来，"来，摸一下球筐"，我很轻松地以原地起跳双手抓框，所以很荣幸地进入了篮球队，要知道，初中的时候我也被问到同一个问题，那会儿我差一点点。因为基础不是很扎实，李老师就让一个实习老师每天早上带我练习发球，每天要起很早，练习个把小时，最后终于可以打比赛，发球命中率在90%以上。依然记得李老师为此夸我为瑰宝，我深受鼓舞，也明白努力会有回报。后来与陈光瑞老师、姚卫军老师一起打过比赛，很过瘾，就像和朋友打球一样。练习期间，有一句话对我的影响比较大，那就是"不要一开始就全力冲刺，可能后面会无力，而是要厚积薄发"。当时我认为这个有一定的道理，也确实可能适用于很多人，但是我觉得我不一样，我可以办到更好，我一开始就会努力，并且会一直坚持，我就是不服输不认理，我就要做成不一样的，从开始一直努力到最后。这不仅仅是说打篮球，它使我自己终身受益。

还有政治潘新华老师、历史居枫鸣老师和地理老师都对我特别照顾，很感激。

大学平平无奇，一直算是比较认真吧，大学的理科内容其实也就是高中基础上加点内容，很多内容在高中的时候，都已经额外和各科老师探讨过了，比如化学和生物。说起物理和英语，就更简单了，所以那阵子动力没有高中足。想来应该自己更主动学习更多，参加更多活动，时间够，不要沉溺游戏。大学，最重要的，嗯，可以光明正大地交女朋友了。人生最闪光的时刻，我深深记住中学班主任老师和我说过的一句话，什么时候就该干什么事，学习时学习，放假时也要让自己好好玩。同样什么年纪就该做什么事情，中学时代要全力以赴努力学习，到大学时在学习的同时也到了找女朋友的时候。大学时遇到我现在的妻子，也是她鼓励我考研，而且要考就考最好的，所以我考了当时本专业最好的生化所。

来到了生化所，当时大学成绩排名和高中差不多，所以考研是半保半考进的。中科院嘛，就是搞研究，大学转了一圈，考上研究生，又回到了我儿时当科学家的梦想。在此说明一下，没考上理想的顶级大学，研究生也来得及；但是考上了好的顶级大学，路更好走。我的研究生阶段，就是运用冷冻电镜解析蛋白质的三维结构，我很开心，因为我又可以运用物理（电镜，需要掌握原理）、生物（嗯，我本来就是解决生物问题）、化学（简而言之，蛋白质的结构，就是一堆氨基酸，生命的本质就是化学反应）。我没有因为选了生物工程专业，而辜负邹老师和许老师。为了儿时梦想，研究生阶段一直有个信念，花五六年，我还能研究不出个东西？所以毕业的时候，我有三篇第一作者的 IF >9 的文章，一篇小型综述和一本书里面的一个章节，然后，有其他挂名文章若干。做研究，对于有些人来说，拿得出手的表象也就是发表文章了，内核却是，当你看到整个地球上 70 亿人都未曾见到的大自然的一点点真相，心情还是很不同的，欣喜、成就感、豁然开朗，虽然可能只是很小的一点，这感觉当我毕业课题答辩完，望向晴朗的天空时，尤甚。另外，我在研究生阶段，还明白了大量为人处世的道理，追根溯源时要求真务实（我对高中校训的理解），以期追求卓越，这个认识非常宝贵。到现在我依旧为了儿时梦想，来到美国继续深造，希望成为一个真正的、独当一面的科学家。

努力会有回报；兴趣可以先天就有也可以后天培养，兴趣真的是很好的老师；要有一个目标，要窥探到曙光；把自己的时间安排好，是什么时候，就该做什么。

一路走来，我心仰望星空，脚踏实地，勤奋努力，科学创新，追求卓越！

未来无限可能！

2021 年 1 月 5 日

起始，未来，一直是你

■ 徐佳伟

校友简介

徐佳伟，2009 年 7 月于嘉兴高级中学毕业，2013 年于吉林大学毕业获得理学学士学位，2019 年于北京大学获得生物化学与分子生物学博士学位，同年继续留校做博士后研究。

我的起始，是你。2006 年，那个让人记忆深刻的、炎热的夏天，我带着满心的期待、憧憬，推开了嘉兴高级中学的校门，迎接我的是三年痛并快乐而又充实的高中生活。可这也正是我喜欢的，因为在我生命最美好的时光中遇到了你，把笑与泪留在了这方校园。

犹记得那环形的教学楼中，穿梭着忙碌的优秀的老师，端坐着的、嬉笑打闹着的同学，一幅幅画面鲜活亮丽，浮现在眼前。那犒劳味蕾的食堂，那挥洒青春的操场，那充满欢声笑语的寝室，所有的所有，就编织成了我们的高中生活。三年的时间，既短又长，不知不觉中我们毕业了，飞向了更广袤的天空。

2009 年 7 月，我毕业了。我去了遥远的北国城市，在吉林大学展开我的大学生活。大学的四年过得很轻松，也很充实。轻松在于没有人强制规定你的学习与生活，你可以相对自由地安排自己的课程与生活节奏。充实在于为了更好地完善自己，需要自己主动地学习各种技能知识，提高社交能力。大学是步入社会的前奏，我得利用有限的时间学会更多的知识来武装自己，为步入社会打下坚实的基础。

2013 年，我毕业了。对于我的专业，我觉得还是有必要往更高的层次发展。通过保研，我进入了北京大学生命科学学院，走上了漫长的科研道路。在六年博士生涯中，经历过迷惘、彷徨，也经历过喜悦与丰收，总算不负那段弥足珍贵的韶光。相比于本科阶段的学习，博士研究生阶段的学习是根据已有的知识来探究大量的未知。本科阶段的学习好比是搭建更牢固的基础，为更高的上层建筑打下坚实的地基，而博士研究生阶段的学习则类似建上层建筑。故此，在博士研究生的学习中，往往会有很多迷惘无助、捶胸顿足的时候，但有时候却又是柳暗花明又一村，让你看到希望的曙光。所以，在攻读博士研究生的时候，一定要摆好心态，"不以物喜，不以己悲"也许正适合用于此。除了解决好心态问题，辅以个人对科研课题的热情以及勤奋努力，我相信一定可以度过充实的博士研究生生涯。

我的研究课题主要是探究染色质复制过程中核小体组装与 DNA 复制的调控机制，该课题从最基础的角度上来揭示核小体组装与 DNA 复制两者之间的偶联机制，对于理解生命体中遗传与表观遗传信息的传递具有重要的意义。该部分工作正在投稿中。此外，我还共同参与了多个

徐佳伟博士在北京大学

相关课题的研究。在其中的两个课题中，都以第一作者的身份在国际期刊上发表论文。

2019 年，我毕业了。我选择留校继续做博士后研究。科研的道路虽然比较枯燥无味，但是我自乐其中。每天过着充实的实验生活，有失败有成功，如此反复，渐渐习惯了这样的节奏，我也坚信我会这样一路走下去。

我的未来，是你。一路走来，从南往北，由北到南，看到了不曾见过的事物，领略到了不同的风土人情，体验到了不一样的人生经历，虽不曾经历百年，但那颗心却已历经百转千折。当极目眺望向身后那条自己走过的蜿蜒小路，在那最遥远的地方，你依旧在那里，一如当初，深沉、勃发。

是你。

一直是你，教我"求真"！

文末，我要由衷地感谢高中学习、生活中教导我的老师们：语文兼班主任——陆耀良老师；数学——姚卫军老师；英语——阮亦簪和孙剑老师；化学——许捷老师；物理——邹福根老师；生物——陈光瑞老师。除了主要课程的任课老师以外，还有很多老师给予了我很多帮助，在此，也表示衷心的感谢。三年的时光，有您，才成就了现在的我；未来，有我，去传承您的希望。

祝愿你，我的母校——嘉高，越来越辉煌！

2020 年 12 月 20 日

求真求知那三年

■ 朱腾飞

校友简介

朱腾飞，2009 年 7 月嘉兴高级中学毕业，2020 年中国科学院大学博士毕业，现在上海交通大学公共卫生学院党委工作。

第一次收到徐新泉老校长邀请时，"嘉高与我的发展"这个主题让我感触颇多，但是作为一个职场新手，又遇上了 2020 年这一极不平凡的一年，近期的工作强度让我忙碌到连思考的时间都极少。我是一个非常不擅长写文字的人，所以用最直白最简单的一小段文字以纪念我的高中三年。

回忆一股脑儿涌上来，一时不知从哪里说起，所以必须说最重要的，嘉高三年于我而言可以总结为两个字"感恩"。为什么说感恩呢？因为嘉高对我

朱腾飞博士

朱腾飞博士在博士学位论文答辩

的人生来说很值得，那三年是青春年华最灿烂的三年，可能很多人会觉得高中三年是辛苦的，或者枯燥的，但是对我来说高中三年很快乐很值得，原因是选对了好学校，遇到了好老师。我记得在初三与高中衔接的暑假就来到了嘉高，但是如果说缘分，可能在更早的时候，因为嘉高的创建凝聚了嘉兴市秀洲区每一个家庭的一份希望。我的高一是在 1 班，当时可能班级的侧重点是文科，在一年级结束的时候我毅然决然地去了理科班。当然，年轻时的冲动往往会受到应有的打击，初到 7 班的时候，我的物理、化学简直惨不忍睹，但是孙雪昌老师对我的耐心帮助让我熬过了心灵最受挫的阶段。我对高三的记忆不深，回忆起时脑海里只有两个字"快乐"，记得嘉高的操场，记得嘉高的篮球场，还有嘉高食堂的夜宵。虽然从嘉高毕业已经 11 年了，但是珍贵的记忆总是让人无法忘记，特别是对于今年刚刚博士毕业的我来说，突然很怀念高中那些年。从学生到学校教职工的身份转变，让我体会到了教师这个职业的神圣。我是一个记性不太好的人，也许我已经不能说出当年在嘉高的每一位老师的名字，但是深深的印记是那些年我楼上楼下穿梭于老师的办公室间，每一位老师都给我最耐心的回答和指导。

我不是一个多么优秀的人，是嘉高给了我机会体验求是园的精彩四年，在浙江大学和中科院的这些年见识了无数学霸，而我只是一条曾经徜徉于启真湖的小鱼。现在的我依旧在校园，选择为科研教学工作者服务，为学生服务。

最后，感恩我的老师。

2020 年 12 月 31 日

寸草拳拳映春晖

■ 林哲艳

校友简介

林哲艳，2010 年 7 月嘉兴高级中学毕业，中国人民大学博士
研究生，2019—2020 学年受国家公派赴美国耶鲁大学进行博
士生联合培养，在《人民日报》（理论版）等核心报纸期刊发
表文章多篇。入选中央国家机关大学生"紫光阁"实习计划，
先后在国家人社部办公厅、人民日报政治文化部等实习锻炼；
曾任中国人民大学团委新媒体中心主任、团中央学校部新媒体
运营中心中国人民大学工作室主任、中国人民大学社团联合会
主席、校团委理论研究室副主任等职；获国家奖学金、全国
"五个一百"网络正能量专题活动奖、全国学校共青团新媒体
工作先进个人等荣誉。

今年 8 月底收到恩师徐新泉老校长邀请，得知母校在征集嘉高博士
校友的成长历程的故事，以期上梓、传承嘉高文化。虽然深感忝列其中

很惭愧，但确实一路走来，母校——嘉高总是我心底里很温暖、明媚的一处，我始终愿意跟大家一起分享并传递它的光亮，这既是她留下的印记，也是一份微不足道的感恩。

2007年9月，我踏入嘉高校门时并没有意识到她对我的影响不仅仅在那号称人生中最关键的三年。嘉高质朴、踏实、勤奋的校风是首先让求学者受益的。这归功于以校为家、把学生当作自己孩子的老师们的付出，也得益于彼此劝勉、互帮互助的同袍之谊。老师办公室里开小灶补习的场景、下班以后散步散回学校又晃荡在教室窗外的班主任身影，是青葱岁月里温暖的印记。课间探讨问题时的你一言我一语，夜晚宿舍里昏黄的手电筒光，成了不负韶光的底气。嘉高的老师们是善于因材施教的，他们总是能引导学生发挥所长。或许是因为在学生们身上倾注了太多的精力和情感，所以深深地了解每一位学生的所长所短的缘故吧。现在想来，三年里的每一分每一秒都很珍贵，因为在这里经历的一切都在塑造着一个个不断进步的自我。

也正是在嘉高，我第一次有了强烈的、坚定的职业理想和未来规划，希望自己也能成为一名教师，能够传道授业、引路育人。"要做一个让别人因你的存在而感到幸福的人"，无论身处顺境或是逆境，每每想起老师们这样的教诲，总有如沐春风之感。它有着柔软而温暖的力量，春风化雨般浸润心田，让我在节奏格外紧张的三年里感受到将会受益终身的从容和笃定。感念嘉高，不仅是感激她传授给万千学子知识、技能，更是感激她赋予了我们向上、向善的达观，正直的底色，让我们不会在鲜花中迷失，也不会在荆棘里气馁。

林哲艳博士生在北京高校研究生论坛做演讲

　　毕业至今十余年了，对母校——嘉高的关注有增无减。隔三岔五地收到母校和校友们的喜讯，成为生活里很快乐、很期待的一部分，这让散落在五湖四海的嘉高人都有一种深深的归属感和自豪感。母校无疑是走在素质教育前列的多元化优质高级中学，这源于"嘉木扬长，高德归真"这样有卓见的教育理念，源于嘉高老师们不改初衷的真挚坚守，也离不开一届届传承嘉高"求真"之风的学子的辛勤努力。毕业后也曾多次趁着假期回到母校，这与其说是学子"回嘉"，不如说像游子归家。光阴流转，一届届学子来了又走了，他们用三年的时间在嘉高养成了最健硕的羽翼，而后从这里飞向了更广阔的天地。而老师们却始终坚守着这片家园，守在这不大的三尺讲台，日复一日，年复一年。他们用这种滴水穿石的坚守换来嘉高葱茏地成长。感念母校，感恩母校的老师们，即便如寸草般微小，也仍望以拳拳之心映春晖之明、报春晖之暖。是为记。

2020 年 11 月 18 日

为"求真"而不懈努力着

■ 陈峰

校友简介

陈峰，2008年8月进入嘉兴高级中学开始高中学习，2011年7月嘉兴高级中学高中毕业进入浙江大学电子科学与技术专业学习，本科四年间获得国家奖学金、浙江大学心平奖学金、浙江大学学业奖学金等荣誉。2015年从浙江大学取得工学学士学位，同年8月获得香港科技大学博士奖学金后，前往香港攻读

陈峰博士

博士，主修集成电路设计，并于2020年11月取得博士学位。博士期间在集成电路领域顶级期刊发表论文2篇、集成电路领域顶级会议发表论文3篇。现就职于矽力杰半导体技术（杭州）有限公司，继续从事半导体以及集成电路设计等相关的工

作，主攻高性能电源管理芯片的研究和开发，为高端芯片的国产化贡献自己的绵薄之力。

现在正好是 2021 年，距离我高中毕业刚刚好过去了十年。现在回过头来细想，我的本科和博士这将近十年的学业，深刻地受到了我高中三年在嘉兴高级中学打下的底子的影响。嘉高校训中朴素的"真"，在我身处其中的时候没有特别体会到它的含义，但当我毕业离开的时候，它却时时出现在我的脑海里，提醒着我，激励着我。嘉高勤奋求实的校风也已经成为我的习惯，帮助我克服了一个又一个学业和生活上的困难。

高中三年看似是枯燥无味的，却是我人生中最具有满足感和成就感的一个阶段。因为良好的教学计划和个人的安排，在嘉高的每一天都是成就颇丰的。在看似繁重的学习任务之下，我反而慢慢获得了内心的平静，能够以比较好的精神状态面对每一天，每一天都能学到新知识，都能进步一点点。在嘉高，规律的作息时间和学习节奏让我慢慢适应，然后慢慢融入，进而慢慢发力，最后向着知识的高峰发起了总攻。在嘉高，有一次徐新泉校长带我们几位同学去清华长三角研究院听清华教授的报告，这使我大开眼界，进一步引起了我今后探索未知世界奥秘的兴趣。在嘉高的三年可能是我人生中绝无仅有的心无旁骛的三年，这三年我专注于"修心"，锻炼出了求真、平静、乐观的心态，以非常有规律的节奏，一步一个脚印，登上了一个常人看起来难以企及的高峰。

　　进入浙江大学开始我的本科学习之后，我依然保持着高中三年留给我的宝贵状态。经过三年高中学习，获得累累硕果，嘉高校训中的"真"已经印入了我的脑海中，不自觉地在支配着我完成本科四年的学业。本科期间，我继续秉承着"真"的校训，继续追求卓越发展，拒绝一些无意义的活动而专注于提升自己。本科四年我对待学业的态度和在嘉高时相同，勤奋求实的校风也激励着我继续进步。在本科第二年，我就以专业第 2 名的成绩获得了国家奖学金和浙江大学心平奖学金。本科寒暑假期间，我也会回到嘉高，看看之前的教室，也和之前的老师聊一聊心得，每次都能受到非常大的鼓舞，也坚定了我对嘉高校训校风的认同。在那之后我继续认真学习专业课程，希望在专业方向上有所突破。大四快毕业时，我凭借前三年的优异成绩和过硬的专业知识，成功获得了香港科技大学的博士奖学金，主攻集成电路设计，这也得益于嘉高求真精神、勤奋求实的校风给我带来的影响。

　　在香港科技大学，我有很大的自由进行自己的科研，一时间我突然像迷了路一样，不知道接下去该往哪里走。在香港的前一年半，我一直是这样漫无目的地无所事事，也没有任何阶段性成果。在我反思自己的时候，嘉高求真、求实、创新的基因又一次提醒了我。我结束了无所事事的迷茫状态，开始从最基础的台阶上一步一步往上努力，并且在学习的过程中尝试去理解为什么，如果是我的话我会怎么做。就这样，我一步一个脚印地从最基础的地基开始搭建起了我的知识大厦，也在其中发现了一些前人未完成的工作。通过创新性地解决这些工作，我发表了我的第一篇论文，也正式结束了我的知识积累过程，进而开始了我的知识输出过程。创新性地解决前人留下的问题不是简单的工作，它需要我有"坐得住冷板凳"的毅力和决心。嘉高三年规律的作息和学习生活恰好给了我这样的能力，让我能够"坐得住冷板凳"，几个月内不间断地研究演算仿真，最后找到了问题的本质，并且成功地解决了它。嘉高校风中的"求实"和"创新"，正好是我博士期间解决问题的两个最重要的武器，一个教我脚踏实地地去调研分析问题，一个教我跳出常规思维去分析解决问题。所以说，嘉高三年是我人生中宝贵的三年，这三年里我学到的东西可以让我受益终身。

2021年的今天，我回首自己的嘉高生活，嘉高"真"的校训和"勤奋""求实""创新"的校风的的确确让我受益匪浅。在嘉高说长不长说短不短的三年时间，给我的人生留下了浓墨重彩的一笔，直到现在我还在从中汲取养分。希望越来越多的嘉高学子也能够从中获得自己需要的养分，也祝愿母校——嘉兴高级中学越办越好！

2021 年 1 月 18 日